Willi Winkler

Alle meine Deutschen

Willi Winkler

ALLE MEINE DEUTSCHEN

Ein Bestiarium

Mit Zeichnungen von Greser & Lenz

Alexander Fest Verlag

Inhalt

Ich liebe doch alle.
Erich Mielke

HELDEN UNSERER ZEIT

Sie sind selten geworden, die Helden. Die Gelegenheit zum Erfolg im Kriege bzw. Felde ist auch eher rar heutzutage. Zu mehr als einem »Kavalier der Straße«, der bei einem Verkehrsunfall mit seinem Handy Hilfe herbeitelefoniert, reicht es bei den wenigsten. Wer sich mit einer Serie lukrativer Abschlüsse oder einem abermals erhöhten Werbeetat vor seinem Abteilungsleiter auszeichnet, ist zwar erfolgreich, aber noch lange kein Held. Mit dem Stoßseufzer »I want a hero« begann Lord Byron 1819 sein Versepos *Don Juan* und mußte schon damals hinterhersetzen, dieser Wunsch sei heute einigermaßen ungewöhnlich. Selbstlos ist der Held, kühn, auch etwas unbedacht und voreilig, aber immer kämpft er für das Gute und sorgt für Gerechtigkeit da, wo alle anderen sich als Schwächlinge erweisen und versagen. Fast noch wichtiger aber ist ein häufig übersehenes Ingrediens: Der Held ist keiner, wenn er bei seiner Heldentat keine *bella figura* macht. Mit seinem Leib, ja seinem Leben steht er notfalls ein. Daß dem Helden manchmal ein etwas prolliger Charme eignet, spricht deshalb keineswegs gegen ihn. Nur Feiglinge sind bescheiden und halten sich zurück. Er muß schon strahlen im Glanze seines Sieges; ohne möglichst viele Zeugen nützt der edelste Mannesmut nichts.

Verdammt! Ich lieb dich: Dieter Bohlen

Der Existentiallyriker Dieter Bohlen beschäftigt sich hauptberuflich mit den letzten Dingen, mit Sehnsucht, Liebe, Schmerz, Verlangen, so Sachen, aber möglichst auf englisch. Er arbeitet nämlich für den Weltmarkt, und auch wenn seine Auftraggeber aus Deutschland kommen, wollen sie doch auf diesem Weltmarkt oder wenigstens auf dem Binnenmarkt konkurrenzfähig bleiben, also auch hier englisch vortragen. Aus der »Wüste«, in der er sein Studio hatte und eine geduldige Frau (»Naddel«), mußte er manchmal nach Hamburg, um sich zu erholen. Als er mal wieder viel komponiert hatte, Melodien für Millionen, war er erschöpft, die Wüste tot; Hamburg also. In Hamburg hatte er nach all der Müh' eine Erleuchtung, traf er eine aufgetakelte Miss Harley-Davidson oder Miss America. Verona Feldbusch hieß die Fata Morgana und nahm ihn gleich so gefangen, daß sie nach Las Vegas flogen, um ratzfatz zu heiraten.

Nach den Flitterwochen in Kalifornien nahm er seine neue Frau mit in die Wüste in der Lüneburger Heide, parkte »Naddel« in der Nähe und ging wieder in sein Studio arbeiten, wieder Melodien für Millionen und dergleichen. Mittags oder abends schaute er manchmal herüber, was seine neue Frau so machte, aber vor lauter Nägellackieren und Nachschminken war sie gar nicht dazu gekommen, ihm ein kleines Essen zu bereiten. Auf entsprechende Vorhaltungen schlug sie ihm vor, sich doch eine leckere Tütensuppe warmzumachen oder den Pizza-Service anzurufen; kochen jedenfalls würde sie nicht für ihn. »Hammerhart« fand er das, wenn sie als seine rechtmäßig angetraute Ehefrau nach einem ganzen langen, harten Arbeitstag nicht einmal in der Lage war, ihm ein Rührei zu braten. Wofür hatte er sie schließlich geheiratet! Er war arbeiten gewöhnt, der Hochzeitsurlaub in Kalifornien eine Ausnahme und nur ihr zuliebe so lang. Er mußte schließlich wieder komponieren, hatte Aufträge aus mehreren Ländern, und dann kochte sie nicht mal für ihn. Seine Inspiration litt unter dem Ärger, er rief »Naddel« an und beklagte sich bei ihr über die neue Frau, sprach stundenlang mit der alten und ließ sich trösten, und nach vier Wochen waren sie wieder zusammen und Verona ausgezogen. »Hammerhart« fand er ihr Verhalten, weil sie ihn doch offensichtlich ausgenutzt hatte, und es kann schon sein, daß er einmal hammerhart zurückgeschlagen hat, voll aufs Auge. »Blue System« heißt seine Musikfirma, und jetzt, wieder mit »Naddel«, die gut kocht und es gern macht für ihn, klappt es auch mit dem Komponieren wieder.

Zuvor aber trugen beide noch ihre assets in diverse Talkshows und in die *Bild*-Zeitung: Verona Feldbusch zeigte ihr Veilchen und ihre langen Beine, er die leere Küche in der Wüste und seine surfblonden Haare. Und weil das Fernsehen immer die Wahrheit sagt, kam auch an den Tag, was ohnehin schon jeder wußte: daß sie eine blöde Schnepfe ist und er ein Dummermann erster Güte. Schade eigentlich, daß sie nicht beieinanderblieben, um sich zu neutralisieren.

Verona Feldbusch jedenfalls wurde unter großer Anteilnahme der Bevölkerung von Dieter Bohlen geschieden und erhielt zum Trost eine eigene Talkshow, und er hatte seine »Naddel« wieder und genug zu essen. Monate nach der Affäre gingen sie wie ein altes Ehepaar zusammen ins Fernsehen, wo die Geschichte noch mal nacherzählt wurde: Er schimpfte auf das faule Luder, »Naddel« bestätigte und tröstete ihn, hörte sich auch geduldig an, was er über die »Wüste« zu erzählen hatte, und forderte ihn vor laufender Kamera auf, sie nun recht bald zu heiraten. Sie verschwieg auch nicht, daß es langsam Zeit werde und sie Kinder haben wolle. Doch aus der Wüste blüht neues Leben: Der Dichterjüngling fand zurück zu seiner Jugendliebe Thomas Anders und wird demnächst als »Modern Talking« wieder unter die Menschen gehen. Zuletzt bekam auch Bohlen seine eigene Talkshow. Sie soll eher monothematisch angelegt sein und von Männern, Frauen und Dieter Bohlen handeln. Allah ist groß, und alles wird gut.

Der erste Wolf, der singen kann: Wolf Biermann

Es muß schon ein paar Jahre her sein, da verständigte man sich in Hamburg an der Elbe darauf, daß Wolf Biermann ein Philosoph ist, weil er zu allem eine starke Meinung hat. Egal, ob der Golfkrieg ausbrach oder auf einem Dachboden zwei belanglose Briefe von Georg Büchner gefunden wurden, Wolf Biermann mußte, wie Wolf Biermann so unnachahmlich zu formulieren versteht, »mit dem Arsch durchs Feuer« und seine Meinung dazugeben. Aber schließlich hat er gelitten wie keiner sonst in

Deutschlands Grenzen von 1990: Elf Jahre lang durfte er nicht auftreten, saß eingesperrt in seiner Wohnung in der Chausseestraße und mußte vor sich hinbrüten. Die Welt war wohl zu Gast, Allen Ginsberg besuchte ihn und einmal auch der *Spiegel*, aber die DDR wollte nichts mehr wissen von ihm. Einzig Margot Honecker bestellte ihn gelegentlich zu sich und fragte ihn um Rat über dies oder jenes. Dann ließen sie ihn auf eine Tournee nach Westdeutschland gehen und bürgerten ihn heimtückisch aus. Und das ihm, der 1953 als eine Art freiwilliger Erntehelfer aus Hamburg rübergemacht hatte, hinüber ins bessere Deutschland! Ihm, der mit seinen Liedern den Sozialismus aufbauen wollte! Beinah wäre er ja damals Brechtschüler geworden, aber der Meister starb ihm dann weg, und der junge Biermann mußte schauen, wo er blieb. So klampfte er auf eigene Rechnung dahin, ein bißchen Villon, ein bißchen Bellman, aber immer beglaubigt mit dem Seehundsbart. Irgendwann hingen der Partei die Bartspitzen zu tief, vielleicht war er auch im Weltvergleich (»Einholen, ohne zu überholen«) gar zu zottig geworden, von 1965 an durfte Biermann jedenfalls nicht mehr öffentlich singen. In seiner Wohnung klampfte er Bewunderern aus aller Welt schwermütig was vor, wurde abgehört, klampfte weiter und durfte schließlich im Herbst 1976 auf jene Westtournee gehen, von der er nicht mehr zurückkehren sollte.

Der Wolf mußte fort aus seiner geliebten Ostzone. Niemand vermag zu singen und zu sagen, wie elend sich der Wolf im freien Westen fühlte, niemand außer dem verjagten Wolf selber. »Vom Regen in die Jauche« sei er geraten, jammerte er an alle hin, die es bald nicht mehr hören konnten. Da war er nun links, links bis unter die damals noch nicht versaitete Milz, aber wem sollte er bloß sein Herz schenken? Erst meinte er, »Sympathie oder Solidarität mit der DDR, das ist 'ne Selbstverständlichkeit«, und wir müßten uns »mit der DDR und also auch mit ihren Repräsentanten solidarisieren gegenüber Westdeutschland als einem kapitalistischen Staat«. Dann beweinte er die spanischen Bürgerkriegskommunisten, dann die Toten von Stammheim, oder er besang den Folkloristen Jacques Prévert. Zum Glück kam irgendwann Nicaragua dazu und El Salvador, der gute Wolf immer dabei, immer engagiert, immer operativ mit seinem Heldengesang. Mit den Jahren aber hing ihm der Schnauzbart arg weit herunter. Was sollte er bloß tun? Brüder, zur Sonne, zur Freiheit? So ein Held hat's halt schwer. Unser guter Wolf hetzte also unverdrossen weiter. Er agitierte bei Joachim Fuchsberger, klampfte linksmelancholisch bei Thomas Gottschalk und schwadronierte klassenkämpferisch bei »Dingsda«. Damit hatte er sich schließlich ausreichend für die Literatur qualifiziert, so daß der Deutschen Akademie für Sprache und Dichtung gar nichts anderes übrigblieb, als den bedeutendsten deutschen Literaturpreis an den »mutigen Liedermacher und Pamphletisten und den Schöpfer einer neuen politischen Prosa« zu vergeben. Muß man es erwähnen? Die deutsche Literatur hat sich von dieser Ehre bisher nicht erholt.

Rudolf Augstein soll Biermann sogar noch über Heine gestellt haben, und vermutlich dachte er dabei an so unsterbliche Verse wie diese: »Sonst gab's Kanonen statt

Butter / Jetzt jibt et Freiheit statt Buttaa / Mein lieber Gorbi, det macht mir Sorgi.« Wer da nicht um den Schlaf gebracht ist, hat keinen zu versäumen.

Vielleicht haben die Proteste nach Biermanns Austreibung ja wirklich zum Untergang der DDR beigetragen, vielleicht war's gar nicht Gorbi-Sorgi, sondern der Biermann, der den Kommunismus mutterseelenallein besiegt hat, auf jeden Fall hatte der Gute im freien Westen sein Tun, noch immer der böse Wolf zu sein.

Die neue politische und preisgekrönte Prosa war in der *Zeit* zu lesen, wo Biermann schaudernd entdeckte, daß er fast sein ganzes Leben lang der falschen Lehre angehangen hatte, dem bösen Kommunismus nämlich. Immer das Sein im einen und das Nichts im andern Auge, ist es unserem modernen Heinrich Heine gelungen, sämtliche Gedanken zu verkaufen, die ihm morgens beim Rasieren so durch den Kopf gehen. Die Generalkompetenz, die Biermann dabei zugewachsen ist und die ihn zu einer Art August Everding des Kulturjournalismus gemacht hat, erlaubt es dem Philosophen auch, sich im *Spiegel* erst mannhaft für den von der Presse verfolgten ehemaligen Geheimdienstler Marcel Reich-Ranicki in die Bresche zu werfen und ihn vier Wochen später, wieder im *Spiegel*, als Lügner anzuprangern. Prof. Dr. Wolfgang Biermann ist nämlich nicht bloß ein Held, sondern auch noch der Mann, dem nicht nur die Frauen vertrauen.

Ein bißchen, muß man zugeben, hat sich der bitterböse Wolf inzwischen doch mit uns angefreundet, erst recht, seit ihn die CSU nach Wildbad Kreuth eingeladen hat. Wieder einmal bewies der Wolf jenen Mannesmut vor

Königsthronen, an dem's andere immer so schmerzlich fehlen lassen, und wagte sich in die »freundschaftliche Atmosphäre beim verketzerten Klassenfeind«. Heldenhaft wie nur je, stellte sich der inzwischen leicht arthritische Wolf anschließend einem »Parteigenossen des Spitzels Stolpe«, einem, aber klar: »Achtundsechziger«, und verteidigte sein vermutlich belangloses Kamingespräch mit Theo Waigel und Michael Glos. Wie ein Alter ließ er das Schnellfeuergewehr rattern und die Explosivlaute alliterieren: »So konnte ich denn ohne Furcht vor dem totalitären Tadel linksgetünchter Tartüffs am Kamin ungeniert nachdenken und machte aus meinem Herzen keine Mördergrube.« Scharfsinn, Klugheit oder derlei spätzivilisatorische Errungenschaften sind allenfalls vom tapferen Schneiderlein, aber keineswegs von echten Helden wie Herkules oder Siegfried überliefert. Daß unser kühner Recke ausgerechnet nach Wildbad Kreuth reisen mußte, um einmal nachzudenken (und auch noch »ungeniert«), versöhnt einen fast schon wieder mit dem Weltgeist.

Früher war alles anders und besser, auch Biermann. So wurde aus dem Hamburger Hafenarbeiterkind, das einmal seine Oma Meume beten lehrte (»O Gott, laß Du den Kommunismus siegen!«), der handelsübliche rechtsgewirkte Vereinigungsgewinnler. Honecker im fernen Chile durfte nicht ins Grab sinken, ohne daß Biermann zu Hause herumtrompetete, er, kein anderer als der »preußische Ikarus«, habe den Kerl unter die Erde gesungen. Was nur von Ferne an die untergegangene DDR und die eigene Sozialisation dort erinnerte, wurde mit einem echten Heine von Biermann abgestraft.

Da sich in letzter Zeit kein neuer Gysi, kein Stolpe und auch kein neuer Markus Wolf zeigen will, ist der Philosoph des Treibens im Deutschfeuilleton ein wenig müde geworden, hat sich auf seinen erlernten Beruf als Zupfgeigenhansl besonnen und unter dem Titel »Süßes Leben – saures Leben« siebzehn neue Lieder herausgebracht. Tröstlich für die alte Gefolgschaft: Seine Verse sind nicht besser geworden mit den Jahren. Damals waren die »Drei Kugeln auf Rudi Dutschke« schon ganz furchtbar systemkritisch und wurden auch von der IG Metall gern ins Jugendprogramm genommen. Wolf Biermann wußte seinerzeit genau, daß die erste Kugel, die der Attentäter Josef Bachmann auf Rudi Dutschke abfeuerte, »aus Springers Zeitungswald« kam. Von der Ostseite her sekundierte der Sänger den Westberliner Studenten, die 1968 die Auslieferung der *Bild*-Zeitung blockierten: »Statt daß sie *euch* zerbrechen / Zerbrecht jetzt ihre Macht!« Trotz seiner heißen Parforceritte durchs Feuer der deutschen Geschichte ist Wolf Biermann immer noch unumstrittener Meister im Knitteln: »Mimi, so'n Vogel ist nur scheinbar doof / Er ist ein schweizer Lebensphilosoph«, heißt es über einen verwandten Gründler, das Wasserhühnchen auf dem Zürichsee. Gut, daß auch wir einen Tiefdenker haben.
Wie heute vorgeschrieben, trägt Biermann seine Lieder zur ausgestöpselten Gitarre vor. Auch hier weht einen Vertrautes an, leicht angegangen zwar, aber es ist die Liedermacherei der frühen Siebziger: Schrummschrummschrumm, dideldum. Doch was soll man heute machen? Ein bißchen Bob Dylan beleidigen, ein wenig die Schlupf-

verse des alten Leierkastens Brecht/Weill parodieren, ohne es besser zu können? Da muß mehr her.
Der graue Wolf verläßt sich also auf seinen Zettelkasten aus der Leitartikelei und hackt noch ein bißchen auf Stasi, Stasi-Akten und den alten Stasi-Figuren der DDR herum. Besonders der Zwillingsbruder im schwergängigen Geiste, der bereits hingegangene Heiner Müller, bekommt noch eins oder zwei mit, darunter eine ziemlich gräßliche »Legende vom Selbstmord der Inge Müller im Jahre '66«. Ansonsten gibt Biermann den heimatverbundenen Internationalisten, schließlich war Heine auch einer. In Portugal kann er fehlerlos das Wort »Fado« buchstabieren (wenn ihm auch keiner gesagt hat, daß Kolumbus nicht von dort, sondern vom spanischen Palos aus nach Indien aufbrach), in Kapstadt ist er sowieso seebärenmäßig zu Haus und erst recht in Israel bei »Butterbirnbrüsten« und »Handgranatäpfelchen spitz unterm Shirt«. Na ja, was soll man sagen, der Mann ist nun auch schon über sechzig.
Es ist doch was Eigenes um das öffentliche Altern öffentlicher Personen. Sie haben viel mitgemacht und sich daran gewöhnt, daß immer eine Kamera dabei ist, wenn sie nur den Mund aufmachen. Obwohl sie längst mit dem Chefarzt ihres Vertrauens und Diabetes, Prostataleiden & Herzflimmern renommieren könnten, werden sie zwanghaft immer jünger, bis sie schließlich den erotischen Hochstand pubertierender Schuljungs erreichen: »Das Tier in meiner Hose ist so dumm und gut«, versichert der alte Wolf treuherzig und kann gar nicht mehr aufhören – »Und unbekümmert, schau: es schämt sich

nicht, es schwillt.« Also, wenn wir mal ehrlich sind: Gibt es nicht sowieso schon zu viele Tierversuche?

Mit wahrer Leidenschaft singt Wolf Biermann vom »Tod in Altona« und vom Hamburger Hafen, wo angeblich »Krähen kreisen«. Die haben nichts Rechtes zu tun und »schreien schwarz die Nacht herbei«. Dunkel wird's, und der Wolf heult und zähneklappert dazu, als sei das Ende der Welt oder wenigstens der Elbe bei Hamburg nahe. Es stirbt dann aber doch nur eine alte Dame im Altersheim. Sie kommt in den Himmel und heiratet dort ihren Verlobten, der vor Jahrzehnten als U-Boot-Kapitän unterging. »Jungfernkranz mit Eichenlaub«, gut und schön, aber warum bitte leben wir »hier im Jammertal«, warum müssen die dichterischen »Krähen« unbedingt einen »Haßchoral« krächzen? Was hat er bloß gegen uns?

Ach, Wolf, geh doch rüber, wenn's dir hier nicht gefällt!

Der Mann, der Kisch war: Michael Born

In seinem früheren Leben war er zur See gefahren und auch sonst in der Welt herumgekommen. Während des libanesischen Bürgerkriegs lebte er in Beirut. Nur vom Journalismus, nein, also davon verstand er nichts, sagten die TV-Profis. Außerdem, rümpften die TV-Sekretärinnen die Nase, roch er ein bißchen streng, »weil er immer dieselben Klamotten trug«. Mein Gott, was haben die Profis gelacht über Michael Borns Unprofessionalität! Als sie mit Lachen fertig waren, haben sie »richtige« Filme aus seinen Koffern voller Material geschnitten, sendefähige Bilder. Bilder, wie wir sie nicht sehen wollen, aber unbedingt sehen müssen, weil sie unter die Haut gehen, uns die Augen öffnen für das Schlechte in der Welt, für Kinderarbeit, Rauschgift, Rechtsradikalismus, Armutsprostitution, Mafia und als Fleischeinwaage den einen oder anderen Meuchelmord an einer deutschen Hauskatze. Und wenn wir ehrlich sind: So schlecht kann die Welt gar nicht sein, wie sich an Schlechtigkeit versenden ließe.

Dann haben sie den Born gefragt, ob's vielleicht ein bißl mehr sein könnte: noch eine kleine Schweinerei, noch eine geschundene Kreatur, noch ein abber Arm, so Zeug. Und Michael Born wurde ein kleiner König im Fernsehen, belieferte die alten Kanäle und erst recht die neuen mit seinen Erfindungen. Er kam vor allem mit »stern tv« ins Geschäft, mit dem Großbabbel Günther Jauch, der für alle Fälle eine ganze Hundertschaft kleinerer Wichtigmacher hinter sich hat. Jeder einzelne hat den Journalismus quasimasi erfunden, jeder weiß ganz genau, wie man eine Geschichte macht und sauber abfährt.

Alle sind sie so Kisch, daß es kischer nicht mehr geht. Mit schreckgeweiteten Augen (das macht zwar der Teleprompter, sieht aber unheimlich authentisch aus) lesen blonde Ansagerinnen die neuesten Katastrophen vor, und die Redaktion trampelt gleich hinterher. Es wird aufgedeckt, enthüllt, angeklagt und die Welt verbessert, daß es nur so kracht. Der einzige, der aber schon überhaupt keine Ahnung hatte von diesem Geschäft, war Michael Born. Richtige Filme konnte er ja nie machen, und dann war er auch noch ein Bilderfälscher. Über dreißig Filme mit erfundenen Geschichten konnte er losschlagen, der Betrüger. Natürlich hatten die Zeitungen nach seiner Enttarnung nichts Eiligeres zu tun, als die bewährten kulturkritischen Reflexe spielen zu lassen. Das war Empörungsarbeit wie zu den besten Zeiten der Vollbeschäftigung. Wie rührend sie die Hände über dem Kopf zusammenschlugen wegen des Fälschers Michael Born! Klar, das war Chefsache von der *Süddeutschen* bis zur *Zeit*, an dem U-Häftling mußte ein hochmoralisches Exempel statuiert und der Niedergang des Fernsehens (in Terminabsprache mit dem des Abendlands) bejammert werden. Als gäbe es da irgendwas, was niedergehen könnte! Fernsehen ist dumm, und das soll es auch bleiben, aber noch dümmer ist, wer das kritisiert. Man muß schon ziemlich blöd oder Botho Strauß sein, um noch mit diesem Kinderglauben an eine moralische Anstalt ins TV schauen zu können.

Am ergreifendsten war wieder einmal die Entrüstung, die die *Frankfurter Allgemeine* zustande brachte. Dort kam man auf die grandiose Idee, Michael Born (damals zur Untersuchungshaft in Koblenz), diesen klassischen *auteur* eines neuen *cinéma vérité*, mit der Brandstiftung in einem Asylbewerberheim in Lübeck zusammenzuspannen und dergestalt zu adornisieren: »Die beiden Ortsnamen markieren den Zustand, in dem die aktuelle politische Fernsehberichterstattung sich befindet.« Wenn man ihn nicht schon im Dezember davor verhaftet hätte, der Übelbold Born hätte aus Lübeck womöglich eine neue Legende vom Gleiwitzer Sender mitgebracht. Deutschlands guter Ruf hätte auf dem Spiel gestanden. Am Ende hätten wir noch zurückschießen müssen auf diese Asylbewerber, genau!

Einsam sind die Tapferen. Nur durch Michael Born erfuhren wir, daß Ikea seine Teppiche in Indien von Kindern weben läßt; daß der Ku-Klux-Klan kurz davor steht, in Deutschland die Macht zu ergreifen; oder daß der neueste Trend in der Drogenhölle Amsterdam darin besteht, das weißliche Sekret einer Kröte zu schlecken. Die Geschichten liefen exklusiv vor allem bei »stern tv«, und dort war man immer furchtbar stolz darauf. So exklusiv waren die Geschichten, daß sie nur erfunden sein konnten. Die Kröte war mit Milch bespritzt; die Kinder saßen nur für die Kamera vor dem Webstuhl; und der Ku-Klux-Klan, das waren ein paar Freunde Borns, die das Heidenspektakel wie für die Kiefersfelder Ritterspiele aufführten.

Michael Born hat in eigener Regie alles erfullt, was sich das kritische Bewußtsein von Benjamin/Brechts Radiotheorie bis zu den Springer-Enteignungsphantasien seinerzeit im SDS-Jugendclub erträumt hatte. Er ist auf dem kürzesten Dienstweg in die Institutionen reinmarschiert, hat seine Bänder mit Ku-Klux-Klan-Umtrieben in der Eifel oder mit Kinderarbeit in Indien auf den Tisch gelegt und ist, gefälscht oder nicht, mit den eigenen Geschichten auch noch gesendet worden. Seit Born ist das böse Medium TV keine blöde »Röhre« (Michael Schwarze) mehr, sondern Volkseigentum. Schein & Sein? Alles mein!

Das Landgericht Koblenz verurteilte Born zu vier Jahren Haft. Aber warum? Bei der Vorführung der Bornschen

Beiträge mußte der Richter herzhaft lachen, so dilettantisch waren sie gemacht. Ein Säckchen Mehl bewies einen angeblichen Heroinschmuggel, wilde Theaterbärte tarnten ohne Zweifel rechtsradikales Treiben im deutschen Wald. Dennoch wurde Born als finstrer Schurke überführt, hatte er doch auch eine Katze abgeknallt. »Wäre die Katze ein Mensch gewesen«, plädierte der Staatsanwalt messerscharf, »hätten wir es im Prozeß mit blutigem Mord zu tun gehabt.« Der tierliebe Staatsanwalt weiß, wovon er spricht: Wäre Born Kinderschänder oder hätte er im Vollsuff mit seinem Auto zwei Menschen umgebracht, er wäre billiger davongekommen.
Vier Jahre Haft für erfundene Geschichten, die zu schlecht waren, um wahr zu sein, aber gut genug fürs Fernsehen. Die Zuschauer, also wir, wollen betrogen werden; dafür knipst man die Glotze schließlich an. Und wer käme schon an gegen die normative Kraft des Fiktiven? Schon wieder vergessen, daß eine New Yorker Werbeagentur 1990 im Auftrag der kuwaitischen Scheichs Horrorgeschichten über irakische Soldaten präsentierte, die Babys aus Brutkästen reißen? Das war zwar frei erfunden, lief aber im Fernsehen, und irgendwie mußte der Golfkrieg gegen Saddam Hussein ja begründet werden. Und diese moralische Massenhysterie im Sommer 1995, als sich von Theo Waigel über den Kirchentagspräsidenten bis zum markenbewußten Autofahrer alles von Greenpeace und seiner Brent Spar leimen ließ? Hauptsache, der Ton kam gut.
Auch bei Borns Märchenstunden hätte man es wissen können, sagte das Koblenzer Gericht. Die Strafe wurde

dennoch fällig. Denn Born ist nicht bloß Katzenkiller, er hat sich eines weit schlimmeren Verbrechens schuldig gemacht: Er verstieß gegen das Schweigegebot. Zwar gehört es seit je zu den vornehmsten Aufgaben des Fernsehens, dem Zuschauer das Blaue vom Himmel herunter zu lügen, aber man darf es ihm nicht ins Gesicht sagen. Das Fernsehen muß lügen dürfen, sonst gerät es in eine ernsthafte Glaubwürdigkeitskrise.

In die wurde es von einem Außenseiter gestürzt, von einem, der die Medien in ihrer Sensationsgier vorzuführen verstand. Seit sich Günter Wallraff als Maulwurf bei *Bild* eingrub, brachten die deutschen Medien keinen solchen Aufklärer mehr hervor. Ganz auf sich allein gestellt, hat er das gesamte System besiegt – und diente nebenbei noch der Wahrheitsfindung. Aber wer kann so viel Wahrheit schon vertragen? Damit alles seine Ordnung hat, wurde unser Held der bart- und bedenkenträgerischen Medienökologie geopfert. Wenn es eine Gerechtigkeit gäbe, Michael Born hätte für seine heldenhafte TV-Tätigkeit statt Gefängnis das Große Bundesverdienstkreuz am Bande bekommen.

UNSERE SCHNELLSTEN MITLÄUFER: DIE HERREN PRÄSIDENTEN

Am 10. Januar 1998 brachte die *Frankfurter Allgemeine* einen Leserbrief von Dr. Gerhard Metschies aus Liederbach am Taunus, der den Publizisten Sebastian Haffner, zwei Wochen vorher neunzig geworden, zu ausgiebig gewürdigt fand. Zuvor hatte bereits ein Leser aus der gewesenen DDR bemängelt, daß Haffner nicht immer stramm antikommunistisch gewesen sei. Der Leser Dr. Gerhard Metschies kann das noch überbieten, wurde er doch Zeuge einer Attacke, die Haffner mitten ins Herz des westdeutschen Kapitalismus ritt. »In seinem Buch *Die deutsche Revolution 1918/19* (Knaur-Taschenbuch 3813) hat Haffner das Schicksal der deutschen Arbeiter- und Soldatenräte recht einfühlsam nachgezeichnet. Dieses – wohl bekannteste – Haffner-Buch wurde sogar in westdeutschen Schulen im Unterricht verwendet und zum Beispiel noch im Jahre 1994 meinen Söhnen – in der Ludwig-Erhard-Schule in Frankfurt am Main – als maßgeblicher geschichtlicher Leitfaden für die Abiturvorbereitung empfohlen.« Arbeiter! Räte!! Revolution!!!, und das mitten in der Börsenstadt Frankfurt und auch noch auf einem Gymnasium, das nach dem Vater des Wirtschaftswunders etc. benannt ist! Obacht aber, der Leser Dr. Gerhard Metschies ist mit seiner Empörung noch nicht zu Ende, und er spart dabei keineswegs mit Selbst-

kritik: »Ich selbst habe als Vater bei der Ausarbeitung eines entsprechenden Schulreferats über Haffners Thesen mitgeholfen und – vorgabegemäß der Lehrermeinung entsprechend – das Scheitern der sozialistisch-kommunistisch konzipierten Revolution von 1918/19 wortreich bedauert. Natürlich dachte ich mir, daß wir der einseitig-parteilichen Geschichtsinterpretation Haffners eigentlich widersprechen sollten, aber die guten Schulnoten der Kinder waren für mich eben auch ein Argument.«
Selten, daß man in Friedenszeiten so deutlich erfährt, warum deutsch sein heißt, eine Sache um ihrer selbst willen zu tun. Gute Schulnoten sind ja wichtig fürs weitere Fortkommen, aber wenn man sie kommunistischen Lehrern verdankt! und sich ihnen zuliebe (den Noten wie den Lehrern) noch selber verbiegt, Sympathie heuchelt für eine »sozialistisch-kommunistisch konzipierte Revolution«! Kann man sich auch nur annähernd die Gewissensqualen ausmalen, unter denen der Leser Dr. Gerhard Metschies fast vier Jahre lang leiden mußte? Er hatte mit seiner Abiturvorbereitungshilfe doch nur das Beste gewollt und damit quasi dem Kommunismus den Boden bereitet, seine Söhne aber womöglich auf immer verdorben, so daß sie später beim Zahnhalszuschleifen zwanghaft das Spartakuslied vor sich hinsummen müssen. Böse Sache. Erst jetzt, nachdem die Söhne das Abitur mit zweifellos guten Noten bestanden haben, kann Dr. Gerhard Metschies mit der Wahrheit heraus – und er schämt sich so und nennt sich einen »unfreiwilligen Mitläufer«. Der arme Mann. Ob es ihm ein wenig hülfe, wenn er wüßte, daß er zwar opportunistisch, aber konform mit

dem Volksganzen, erst recht mit dem jeweils obersten Repräsentanten gehandelt hat?
Bundespräsident wird nämlich nur, wer allzeit dabei war. Im Prinzip kann den Job jeder machen: »Wählbar ist jeder Deutsche, der das Wahlrecht zum Bundestage besitzt und das vierzigste Lebensjahr vollendet hat«, heißt es im Art. 51 (1) des Grundgesetzes. Die wichtigste Voraussetzung nennt die Verfassung allerdings nicht, wohl weil sie sich von selber versteht: Der Kandidat muß vor allem pH-neutral sein, ein Mann (eine Frau) des Volkes vielleicht nicht unbedingt, aber immer dabei und allzeit staatstragend.
Der erste Bundespräsident Theodor Heuss hatte als Abgeordneter der Deutschen Staatspartei 1933 dem Ermächtigungsgesetz zugestimmt und geholfen, die Weimarer Restdemokratie abzuschaffen; so was bildet. Sein Nachfolger wurde konsequenterweise Heinrich Lübke, der in jenem »Dritten Reich« einiges aufbauen half. Nach ihm kam Walter Scheel, der Führer und Reich seinerzeit als Kampfflieger verteidigt hatte. Schließlich der Parteigenosse und spätere Wandersmann Karl Carstens. Der Bundespräsident, so lernen wir bei diesem gemeinschaftskundlichen Schnelldurchlauf, war immer einer von uns. Er war dabei damals, er weiß aus eigener Anschauung, wie schwer es für die Daheimgebliebenen war, an der Front und in den Bombenkellern, er ist eins mit seinem einig Volk von Mitläufern, Fleisch von ihrem Fleische.
Nur einen gab es in der Reihe unserer vierzigjährigen Mitbürger, der nicht immer dabei war und der sich nicht immer im Schatten der Macht hochrankte. Zum Dank

dafür ist er heute so gut wie vergessen: Gustav Heinemann. Als Proporz-Protestant durfte er in der ersten Adenauer-Regierung ein Jahr lang den Innenminister machen. Sobald der Meister aus dem Rheinland aber lieber vergessen wollte, daß die Hand verdorren sollte, die nochmal eine Waffe anrühre, sich dafür begeistert in die Wiederbewaffnung stürzte, verließ Heinemann die Adenauer-Regierung und die CDU. Nach einigem Suchen und Irren fand Heinemann in die SPD und wurde 1969 zum Bundespräsidenten gewählt. Interviews hat er nicht so viele gegeben, aber seine Reden lassen sich noch immer gut lesen.

Der gegenwärtige Bundespräsident war für eine tragende Aufgabe im »Dritten Reich« zu jung, er kommt aus der nächsten Generation, was in seinem Fall heißt, daß er der guten alten Zeit einen wichtigen Teil seiner Ausbildung verdankt. Theodor Maunz, der Professor, dem er assistieren durfte, war natürlich auch immer dabei, diente als Jurist erst Hitler, schrieb dann den maßgeblichen Kommentar zum Grundgesetz und beriet zuletzt Gerhard Frey, den Vorsitzenden der DVU, in allen möglichen Rechtsfragen, vor allem, wie dieses Grundgesetz legal zu umgehen sei. Assistent Herzog hat selbstverständlich nichts davon gemerkt, daß sein Professor sich nach dem Oberseminar zurückzog, um im Nebenzimmer rechtsradikale Glossen für die *Deutsche National- und Soldatenzeitung* zu schreiben. Schließlich mußte auch der Assistent an gute Noten denken.

Neues aus dem Ortsverein: Richard von Weizsäcker

Nur einer war nicht so, sondern ein besserer Herr. Der Präsident Richard von Weizsäcker ist nicht ganz von dieser Welt, eher so eine Art *padrone*, fast ein Ersatzkönig. Wenn Demokratie keine Arbeit macht und nebenbei, quasi von Botho Strauß fiebergeträumt, auch noch so gut aussieht, dann läßt sich das vorzeitige Ende der Monarchie nach dem Ersten Weltkrieg einigermaßen verschmerzen. Das aristokratische Biotop ist seither heftig bedroht; vorsichtshalber hat sich der deutsche Adel strahlensicher in Marbella oder in der Herz-und-Krone-Presse endgelagert. Einige besonders Bedürftige finden gelegentlich Verwendung als Co-Kommentator bei semiroyalen Staatsbegräbnissen, aber in der glücklich demokratischen Bundesrepublik haben sie's im allgemeinen schwer. Fremd irren sie umher, ortlos, unbehaust. Wie sollten ausgerechnet sie wissen, daß eine vergleichsweise junge Demokratie strikt auf die Einhaltung der 1948/49 etablierten Formen achten muß?

Richard von Weizsäcker wurde die Demokratie keineswegs in die Wiege gelegt, er mußte sie sich spät im Leben selber beibringen. Auch er diente dem Führer als Soldat, tat aber, was sonst, nur seine »Pflicht«, wenn auch »ohne Enthusiasmus«. Mit einer Verspätung von gut fünfzig Jahren fällt ihm in seinen Erinnerungen etwas Merkwürdiges auf: »Wir haben das Abgründige erfahren, an ihm teilgenommen.« Dieses Interesse am Abgründigen hat er sich bewahrt und auch später noch gern daran teilgenommen. Er begann seine Laufbahn als sekundierender Verteidiger seines in Nürnberg als Kriegsverbrecher angeklagten Vaters, wirkte dann in der Industrie, namentlich als Prokurist des Chemie-Unternehmens Boehringer, wo man auch Kampfstoffe für den Vietnameinsatz produzierte, und, am wichtigsten, er wurde 1954 Mitglied nicht einer Partei, sondern der Christlich-Demokratischen Union (CDU).

Helmut Kohl, der ehrgeizige Prätendent von Rheinland-Pfalz, entdeckte den Mann aus der Industrie für die aktive Politik, die Weizsäcker irgendwann als Abgeordneten nach Bonn führte. Die Pflege der dortigen Landschaft, die sich der Flick-Konzern damals angelegen sein ließ, kam allen Parteien, also auch unserem aufstrebenden Abgeordneten zugute. Von einer Geldwaschanlage mit dem Namen »Verein Robert Tillmans Haus, Berlin« wurde 1979 »wg. von Weizsäcker« ein Betrag von immerhin DM 20.000,– gezahlt. Der Abgeordnete Weizsäcker, später Regierender Bürgermeister von Berlin, stand immer auf dem Boden der freiheitlich-demokratischen Grundordnung und tat seine Pflicht, ganz gleich, wer dafür bezahlte.

Daß sein Entdecker sich längst mit ihm zerstritten hat, spricht keineswegs gegen, aber noch lange nicht für Weizsäcker. Diese Ehre verbindet ihn mit Heiner Geißler und Kurt Biedenkopf und manch anderem Mitglied jenes vom Ministerpräsidenten Kohl geförderten Kreises. Kohl & Weizsäcker, das war eine Paarung von geradezu Clausewitzschem Genie. Der Edelmann und der schwitzende Aufsteiger, mochten sie sich auch denkbar wesensfremd sein, sie paßten doch so schön zusammen wie ein Ehepaar erst nach der Eisernen Hochzeit. Kohl tolpatschte durch die Welt, verglich Gorbatschow mit Goebbels, freute sich der Gnade seiner späten Geburt, bestätigte die Ansprüche der Schlesier auf ihre alte Heimat und führte Reagan nach Bitburg. Weizsäcker wienerte hinterher und sprach versöhnende Worte über soviel Ungeschick. Kohl durfte sich seelenruhig als der depperte Kerl blamieren, Weizsäcker machte alles wieder gut, tat allen wohl und Kohl niemals weh.

Niemand vermochte mit soviel Eleganz vorzuführen, daß man gar nichts Gutes tun mußte, solange man nur schön drüber redete. Kohl kärrnerte, tat, was er für richtig hielt und nicht besser konnte. Weizsäcker konnte es wahrscheinlich auch nicht, doch zum Glück stellte ihn niemand auf die Probe. Nur weil ihm Ehrendoktorhüte besser stehen als Kohl und er sich überdies artig dafür zu bedanken weiß, ist Weizsäcker noch lange nicht der bessere Politiker. Das Staatsoberhaupt soll schließlich nur repräsentieren und nicht unangenehm auffallen. Weizsäcker war dafür geboren.

Erst gegen Ende seiner Amtszeit meldete sich das Abgründige in Herrn Weizsäcker, als er den Politikern – demagogisch wie Gerhard Schröder und Edmund Stoiber zusammen – »Machtversessenheit« vorwarf, versessen auf eine Macht, deren er selber nie so richtig teilhaftig wurde. Paradoxerweise war es der fehlende Einfluß, der Weizsäcker seine eigene Macht verlieh. Als »graumelierter Staatscupido« (Roger Willemsen) hatte er nichts zu sagen und verlegte sich deshalb auf Reden. Zum Ende stieg ihm die eigene Rhetorik zu Kopfe, vielleicht verstand er nur mehr die Welt, aber nicht mehr seine Rolle darin.

Die Bürger waren gern Untertanen bei ihm, weil hier endlich ein guter König in dieses demokratische Durcheinander hineinregierte. Er verschaffte ihnen die Illusion, daß Politik vielleicht doch kein ganz so schmutziges Geschäft sei, die richtige Frisur vorausgesetzt. So wird einer seinerseits zum mächtigen Machtschattengewächs. Der Überdruß an der Machtmaschine Kohl ist so gewaltig, daß inzwischen selbst denkende Menschen Weizsäcker als fünfzehnten Nothelfer anrufen. Dabei ist er als Politiker ein Geschöpf Kohls und blieb es selbstverständlich auch während seiner zehn Jahre im Amt des Bundespräsidenten.

Einmal im höchsten Staatsamt, ölte Weizsäcker fleißig die Maschine, die ihn soweit gebracht hatte, und ließ sie fröhlich weiterbrummen. Noch heute, vier Jahre nach Beendigung seiner Amtszeit, traut sich Weizsäcker nicht, seinen Herrn Kohl direkt anzugreifen. Spricht in der ihm eigenen verstopften Prosa von einem »politischen System in der Regierungsverantwortung«, wenn er Helmut Kohl meint und dafür nicht belangt werden will. Nach langer intensiver Betrachtung des Dauerphänomens Kohl erreicht er damit in etwa die Reflexionshöhe, auf der es sich die Zeitschrift *Titanic* bereits vor zwölf Jahren gemütlich eingerichtet hat. Chapeau!

Während der Dauer seiner Präsidentschaft, von 1984 bis 1994, hatte Weizsäcker seine CDU-Mitgliedschaft aus guten Gründen ruhen lassen. Anschließend hat er sie nicht mehr aktiviert, also weiterhin keine Beiträge bezahlt. Deshalb wurde er schließlich, wie's jeder Karteileiche widerfährt, aus der Partei ausgeschlossen. Großer Streit ist darob entbrannt, von Undankbarkeit ist die Rede und von einem Mangel an Stil.

Dabei ist der Fall doch klar: Jedem Mitglied in einem Kaninchenzüchterverein drohte der Ausschluß, wenn es sich schmälend über die Belgischen Riesen der Vereinsbrüder ausließe und dann auch noch planvoll verabsäumte, die Mitgliedsbeiträge zu entrichten. Das gewesene Staatsoberhaupt bildete sich offenbar ein, so weit über Staat und Partei zu schweben, daß ihm beide seinen künftigen geistigen und finanziellen Lebensunterhalt schulden. Der Präsident als beleidigte Leberwurst (cf. → *ibd.*).

Dabei sollte er doch die Lehre von den zwei Körpern des Königs kennen: Auch wenn er mal fast Kaiser von Deutschland war, ist er das Amt doch lang schon los, das er wie kein zweiter auszufüllen verstand. Die Insignien trägt mittlerweile ein anderer, Weizsäcker ist nur mehr der gewöhnliche Mitläufer, nichts weiter.

Helmut Kohl und seine Umgebung sind nicht gerade für Takt und Anstand bekannt, aber noch weniger davon beweist der ehemalige Bundespräsident, wenn er sich über schlechte Behandlung echauffiert. Wer nicht zahlt und sich drinnen und draußen gleichzeitig aufhalten will, hat auch nichts mitzureden. Das gilt sogar für Staatspensionäre. Vielleicht sollten sie einfach ihren Packen Altpapier zusammenschreiben lassen und sich ansonsten darauf beschränken, den einen oder anderen Oderbruch mit ihrer Anwesenheit zu heilen.

Doch Weizsäcker ist immer noch berauscht von dem Beifall, der ihm einst für seine goldmundigen Reden zuteil wurde, so daß er es schon für Fundamentalkritik hält, wenn er dem Bonner System vorwirft, es habe »die von der Demokratie angebotenen Mittel zur Erringung und Bewahrung der Macht auf eine bisher nie gekannte Höhe der Perfektion getrieben«. Was sollte es schließlich sonst tun, das böse Bonner System? War es am Ende vielleicht doch ein Fehler, daß man seinerzeit die Monarchie abschaffte? Demokratie ist nicht immer lustig, und jetzt wird man sie einfach nicht mehr los. Ausgerechnet der Aristokrat Weizsäcker glaubt, daß für ihn keine Regeln und Formen gelten sollten. Vielleicht muß ihm das mal einer sagen: Seit dem Herbst 1918 dürfen Junker nicht mehr über die Felder ihrer Hintersassen galoppieren.

Inzwischen hat sich der Altbundespräsident ein neues Wirkungsfeld gesucht, das deutsche Rindfleisch. Davon versteht er zwar auch nichts, aber auch darüber läßt sich reden. Als Lobbyist hat er begonnen, als Lobbyist beendet er sein öffentliches Wirken. War es früher die chemische Industrie, die er glaubwürdig bis in den Evangelischen Kirchentag hinein vertrat, so ist es jetzt die Landwirtschaftsindustrie. Bedenken tragen kann er in der neuen Funktion ebenso wie im Amt, von dem er nur so schwer loskommt. »Für mich ist Rindfleisch eine Bereicherung unserer Küche«, grübelt er staatsmännisch aus einer Anzeige der CMA – finanziert mit Unterstützung der Europäischen Gemeinschaft – und wird dann doch sehr kritisch: »Zur Zeit gibt es aber Fragezeichen.« Da müsse er sich keine Sorgen machen, versichert die CMA in diesem vage herrschaftsfreien Dialog, »Rindfleisch ist nach wie vor gesund und lecker« und verdiene »weiterhin einen festen Platz auf Ihrem Speisezettel«. Nein, wenn der *padrone* auftischt, gibt es keine Fragezeichen mehr.

Immer so durchgemogelt: Roman Herzog

Auf Weihnachten wünscht ich eine Metternichsche Stasi-Akte mir, und zwar eine ganz besondere, die des IM »Loreley«, enthaltend alle Berichte, die der Dissident Heinrich Heine unter diesem Decknamen im Pariser Exil über Freund und Feind gesammelt hat: Was Marx so trieb und Engels schrieb, was man in Frankreich über den Deutschen Bund dachte und was immer gemunkelt wurde an der Börse. Die legendäre Matratzengruft wäre dann nur die konspirative Wohnung gewesen, in der sich der hochbezahlte Informant mit seinem Führungsoffizier einschloß und weitere Lauschangriffe auf tout Paris vorbereitete. Gysi und Sascha Anderson erblaßten vor Neid bei dieser Enthüllung, und sogar Wolf Biermann bekäme wieder was zum Plärren (cf. → *Helden unserer Zeit*).
Der Wunsch wurde mir bislang nicht erfüllt, aber schön wär's doch. Reich, sehr reich, ist er gestorben, *le pauvre* Heine, und irgendwie muß er sich das Geld für sein Mathildchen ja zusammengegaunert haben. Im externen Staatsdienst, wie sonst. Das Vaterland sorgte sich zum zweihundertsten Geburtstag nämlich mit verdächtiger Frequenz um seinen verlorenen Sohn. Die Jubelfeiern erreichten ihren Höhepunkt, als Roman Herzog in Düssel-

dorf Heine gleich den Großen Vaterländischen Verdienstorden umhängte. Harry Heine? Das war einer von uns, lautete die Botschaft der Düsseldorfer Rede. Und warum? »Weder finanziell noch ideologisch korrumpierbar« sei Heine gewesen, was ungefähr so zutreffend ist wie die Aussage, Mme. Herzog sei eine Drei-Michelin-Sterne-Köchin. Aber wes Herz voll ist von der Vaterländerei, dem steigt sogar der beizeiten käufliche Heine zu Kopfe. Wo es doch um Deutschland geht!

Angetan mit dem Prunkmantel seiner Rhetorik führte Roman Herzog den Freidenker zurück in die Staatskirche. Lobte den »Unbequemen«, der, »wie jeder Künstler, Vorgänger und Nachfolger hatte, so sehr er auch Kind seiner Zeit war«. Pries Heines »Spiel der Sprache«, das ihn (»Warum isses am Rhein so schön?«) an einen »Spielmannszug« erinnere und merkte dann doch sehr krüttisch an, daß unser Land »besser, freundlicher, gelassener sein könnte«.

Helmut Kohl war mal in Hölderlin gut, aber das ist gar nichts gegen Herzog, der bei Heine zur Klassenprimusform aufläuft und als Dialektiker brilliert: »Heimatliebe heißt schließlich nicht Kritiklosigkeit.« Wurstsalat ist auch kein Preßsack, möchte man begeistert einfallen, und um die Zukunft des deutschen Reinheitsgebots braucht man sich ebensowenig zu sorgen wie um die weiter treppauf stürzende Karriere dieses freundlichen und allzeit gelassenen Rhetors. Dabei ist Herzog nicht blind und gibt Bedenkliches zu bedenken: »Er hat viele, nicht nur sympathische Gesichter.« Gut, daß das endlich mal einer ohne Scheuklappen ausgesprochen hat.

Vor allem aber hat Herzog beziehungsweise Heine »in Deutschland immer polarisiert«. Damit ist für den Präsidenten jetzt Schluß, in Zukunft kennt er keine Pole mehr, sondern nur noch Heine und solche »Schriftsteller und Intellektuellen, für deren Typus Heine noch heute ein Modell ist«. Und wie sieht dieses 1a-Klassemodell aus? Sie »dienen ihrem Land oft auch mit ätzender Kritik«. Oho, aha, Kritik sogar, richtig ätzend auch noch? Egal, Hauptsache sie dienen. Von Vorteil ist auch, wenn sie »sich selber befragen«, »eventuell umdenken« und »zu jeder Zeit neu lernen«. Obwohl: War dieser Textbaustein nicht vielleicht von Herzogs Rede zur Verleihung des Deutschen Zukunftspreises übriggeblieben?

Schließlich poltert der Bundespräsident zum Höhepunkt seiner Heine-Hommage, die Nutzanwendung des toten Klassikers für die lebendige Gegenwart: »Ohne kritischen Einspruch, ohne das Engagement unbequemer Denker verkümmert eine Gesellschaft. Wir brauchen Streit und Widerspruch, wir brauchen Zumutungen und Fragen unabhängiger Köpfe.« Wir brauchen vor allem, ließe sich fortfahren, noch mehr Rhabarber, noch mehr folgenloses Schwadronieren, noch mehr Debatten über das Schweigen der Intellektuellen.

Ja, der kritische Intellektuelle Herzog kann einem schon eine ordentliche Standpauke halten. Der setzt sich einfach an die Spitze des Düsseldorfer Spielmannszuges und schmettert Heine vom Blatt: »Ich weiß nicht, was soll es bedeuten.« »Nie«, verkündigte Herzog dem vaterländischen Häuflein zu seinen Füßen in der Deutschen Oper am Rhein, und die Stimme muß vor lauter sperriger Indi-

vidualität stahlkalt geworden sein, »nie ist der sperrige Individualismus wichtiger gewesen als heute, besonders wenn er mit Ironie, Witz und Eigensinn die am laufenden Band produzierten intellektuellen, kulturellen und politischen Moden auf ihren tatsächlichen Gehalt prüft.«
Noch nie war er so wertvoll wie heute, der Intellektuelle mit dem Sperrholz vorm Kopf, auf dem am laufenden Band Ironie, Witz und Eigensinn aufleuchten. Also, wenn da kein kritischer Ruck durch die Gesellschaft geht! Der Bundespräsident hat zwar ein ideales Bild des Querdenkers gezeichnet, aber was er nicht weiß: Es gibt ihn längst, und es gibt ihn massenhaft. In Serie läuft er vom Band und heißt je nach Bedarf Peter Glotz, Ulrich Beck, Antje Vollmer, Friedrich Schorlemmer oder Henryk M. Broder. Heute, morgen und aller Tage Abend in der Talkshow Ihres Vertrauens. Unsere lieben Intellektuellen lassen sich nicht verbiegen, sondern denken lieber quer, ätzend und manchmal sogar überzwerch. Längst sind wir ein einig Volk von Heines in unserem schönen deutschen Vaterland.
Die Wahrheit hätten sie allerdings nicht gepachtet, die Intellektuellen, mahnte der Bundespräsident dann noch, »schon gar nicht, wenn sie sich auf das Feld des Politischen begeben«. Draußen vor der Oper in Düsseldorf marschierte der Spielmannszug auf, und Roman Herzog fiel wieder ein, daß kritische Geister am besten Dienst tun fürs Vaterland. »Harry Heine«, rief er noch, »fahr schon mal den Wagen vor!«

DAS SÜSSE MÄDEL

Es grüßt ein bißchen aus dem 19. Jahrhundert herüber, kommt aus dem Singspiel und aus der Operette und hat auf der großen traurigen Bühne des Theaters nicht mehr viel verloren. Bei Arthur Schnitzler im *Reigen* ist das süße Mädel nur eine von mehreren Frauenfiguren, aber bei weitem die angenehmste: naiv, lebensfroh und auch sonst anspruchslos. Das konnte nicht lange gutgehen. Auch das süße Mädel wurde zur Fortbildung in den Geschlechterkampf geschickt. Das Blumenmädchen Eliza verbessert sich, wenn auch unter männlicher Anleitung, zur »My Fair Lady«, wird eine distinguierte Frau, die nicht bloß eine andere Sprache, sondern damit gleich alles erwirbt, wovon ihre bescheidene Herkunft sie bislang ausgeschlossen hatte. Fortan standen dem süßen Mädel gleich zwei Kulturen zu Gebote; es hatte die Wahl, wohin es sich wenden und wer es sein sollte.

Neuerdings erwächst ihm Konkurrenz von ganz unvermuteter Seite. Über »Männer« sang Herbert Grönemeyer einst hingebungsvoll und was sie alles könnten und durchmachen müßten, aber wenn man ihn richtig verstand, dann wollte er damit sagen, daß Männer am liebsten Frauen wären. Da trifft es sich gut, daß auch die Frauen lieber anders wären, so ein bißchen jedenfalls, nicht unbedingt attraktiver (obwohl, das auch), aber

nicht ohne Selbstbewußtsein, politisch, aber nicht so verbiestert, menschlicher im ganzen, fraulich eben. Über die letzten Jahrzehnte ist diese Hosenrock-Rolle dennoch am besten von Männern ausgefüllt worden, von bewußten Männern wie Horst Eberhard Richter, Wilfried Wieck, Eugen Drewermann, Volker Elis Pilgrim oder zuletzt von Friedrich Schorlemmer. Die Frauen sammelten noch Kräfte, lernten vom ehemaligen Feind, nahmen dabei zu an Alter und Weisheit und bereicherten die Evolution schließlich um jenen Typ, der mitten im Leben steht, ohne dabei auf alle weiblichen Attribute zu verzichten.
Von all dem Kampf um forcierte Weiblichkeit mag die Stimme etwas kreischig geworden sein, aber wenigstens weiß sich das Mädel dahinter Gehör zu verschaffen. Worüber es auch spricht, es wird dankbar aufgenommen. Es spricht ohnehin viel, am liebsten alle Themen offen an, wobei es vor Tabus nicht zurückschreckt und auch dann noch für die ganze Gesellschaft dasein möchte. Alles verstehen möchte es, alles verzeihen, und ansonsten die Familie und das ganze Volk zusammenhalten. Versöhnen statt spalten heißt sein Motto und im Nachsatz: Wir können über alles sprechen. Mit soviel kommunikativer Kompetenz wird man irgendwann auch Bundespräsidentin oder doch Kanzlerin.

Sport ist Mord: Steffi Graf

Das süße Mädel der Gegenwart spielt zum Beispiel Tennis und wird in fünf Jahren reich damit. Steffi Graf spielte, seit sie vier war. Am ersten Schläger sägte der Vater den Griff ab, damit sie ihn überhaupt halten konnte. Mit sechs gewann sie das Sport-Scheck-Turnier in München für die Kleinen; die Pokale, zwischen denen sie fotografiert wurde, waren damals noch größer als das Kind. Mit Zahnspange und einem richtigen Schläger spielte sie dreizehnjährig gegen die sechs Jahre ältere Tracy Austin, die selber einmal mit Zahnspange und als Tenniswunderkind angefangen hatte. Steffi verlor, wurde aber bald bekannt, während von Tracy Austin heute keiner mehr spricht. Sie bekam Wachstumsstörungen und wurde Sportinvalidin.

Heute ist Steffi 29 und selber invalid, die zweitbeste Tennisspielerin aller Zeiten. Sie wurde Olympiasiegerin, gewann in einem Jahr alle Grand-Slam-Turniere, putzte Ältere wie Jüngere vom Platz und war zum Fürchten, schon weil sie nie lachte. Sie wurde verehrt in der ganzen Welt und zu Hause am meisten, weil sie angeblich ihre Steuern brav bezahlte und nicht nach Monaco umzog. Freilich blieb sie unnahbar. Als ein hartnäckiger Verehrer ihr immer teurere Geschenke und sogar Autos schickte, verbat sie sich die Zudringlichkeit. Er störte sie bei der Arbeit mit seiner hemmungslosen Liebe. »Die Steffi ist nicht normal«, sagte der Vater zur Erklärung. »Sie ist eben die Steffi.« Als eine ernsthafte Rivalin auftrat, die eindeutig weniger süß war als die Steffi und auch noch aus dem Ausland, fand sich auch da ein hilfsbereiter Bewunderer, der Monica Seles aus Liebe zu Steffi in den Rücken stach und die Konkurrenz fürs erste aus dem Spiel nahm.

Peter Graf sprach von ihrem »Arbeitsgesicht« und nannte seine Tochter manchmal einen »netten Killer«. Sie tötete für ihn, auch für Mutter, Bruder und Schäferhund, aber lange nicht für Deutschland. Ihre Siege waren hart erarbeitet, jeder Punkt ein Kampf; sie schenkte der Gegnerin nichts und dem Publikum nicht das kleinste Lächeln. Süß war das nicht, eher in der guten deutschen Tradition der Skifahrerin und Regisseurin Leni Riefenstahl. Süß wurde Steffi erst, als sie eine unbegreifliche Schwäche auf dem Platz damit erklärte, sie habe gerade ihre Tage. Süß wurde Steffi, als ihr Vater wegen der Affäre mit einem sogenannten Nacktmodell in Schwierigkeiten und schließlich mit dem Finanzamt über Kreuz geriet. Von den Rängen aus hatte er seine Einzige, sein Eigentum im Blick, und nach dem Sieg kam sie immer zu ihm gestürmt, um ihn zu küssen. Kein Manager durfte zwischen sie treten und auch das Geld nicht, das er so schnell wie möglich in Plastiktüten ins Ausland schaffte. Peter Graf mußte deshalb irgendwann ins Gefängnis, und Steffi Graf wurde täglich süßer. Inzwischen war sie auch öfter verletzt. Früher litt sie nur an der überbeanspruchten Stirnhöhle, bald traten die üblichen Verschleißerscheinungen der Extremsportler auf. Erst brachte sie der Vater um den ordentlichen Abschluß ihrer Laufbahn, dann der eigene Körper. Nie aber war sie glaubwürdiger und echter als in diesem geballten Elend. Sie litt, und sie litt so schön. Schwarz stand ihr besonders gut. Sie war menschenähnlich, sie war wie alle geworden. Das entscheidende Merkmal des süßen Mädels von heute, die Kongruenz von Öffentlich und Privat, in Steffi Graf erreichte es eine mustergültige Blüte.

Die Sendung der Maus: Margarethe Schreinemakers

Ein Schicksal wie viele andere und wie sie heutzutage besonders lebhaft im Fernsehen zur Aufführung gelangen: Eine tapfere junge Frau, der die Neider zusetzen links und rechts, die sich mit den Ämtern verkracht hat und mit ihrem Arbeitgeber und die sich zuletzt vom Bundesfinanzminister persönlich verfolgt fühlt. Weil das Fernsehen heutzutage viel näher am Menschen dran ist, durfte sich die gequälte Kreatur auch im Fernsehen, *live!*, aussprechen, haarklein darlegen, wie sie verfolgt wurde. Und um die Paranoia vollständig zu machen, schaltete sich der Sender ab, kaum daß dieses moderne *J'accuse!* anhob.
Margarethe Schreinemakers stilisierte sich in ihrer vermeintlichen Not ein Schicksal zusammen, mit dem sie selber die Teilnahmebedingungen für ihre Show erfüllt hätte. Sie war nur ein bißchen reicher, aber der klassischen Dramaturgie dieser Geschichten zufolge noch ärmer dran als die anderen Mühseligen und Beladenen, die sich sonst bei ihr nach Herzenslust ausschütten durften.

Gern erzählt man sich, Margarethe Schreinemakers habe eigentlich Nonne werden wollen und ihre Sendung zeichne sich durch quasireligiöse Rituale aus. Tatsächlich war sie beim klassischen Fernsehen mit mehreren anderen Projekten schrecklich gescheitert, aber dann kam das Privatfernsehen und vor allem SAT1 und bot ihr eine Sendung, in der ungehemmt geredet, geweint und gebeichtet werden durfte. Es war TV in einer ganz neuen Dimension, naiv und berechnend zugleich. Schreinemakers machte endlich Ernst aus dem ständigen Herzen und Abbusseln, mit dem sich im Fernsehen alle begrüßen, bei ihr durfte leidenschaftlich geheult werden. Am allerwenigsten schämte sich die Moderatorin ihrer Tränen. Masochisten beschrieben ihre Gefühle, Fesselungskünstler verstrickten sich hoffnungslos, sämtliche Bresthaftigkeiten dieser Erde wurden durch die Sendung gereicht. Offenbar eignete der Moderatorin etwas beruhigend Sinn- und Ordnungsstiftendes: Woran Ämter ebenso wie die Medizin gescheitert waren, erlebte bei ihr die Chance der Wiedervorlage. Davon wird zwar kein HIV-infiziertes Baby wieder gesund, aber soviel Aufmerksamkeit erfuhren sonst weder die Eltern noch je das arme Kind.

Schreinemakers verstand alles. Ihr Recherche-Team gab sich große Mühe, die seltsamsten Deviationen seit Krafft-Ebings Sammelsurium aufzutreiben. Die Armen sollten nicht bloß getröstet, sondern des überreich verspendeten Mitleids der Zirkusdirektorin teilhaftig werden. Zur Komplettierung des Rituals schließlich waren die Zuschauer geladen, damit sie sich an Leid und Trost gleichermaßen ergötzen konnten.

Das Privateste wurde mit Schreinemakers naturgemäß öffentlich, alles Leid, aller Schmerz radikal vergesellschaftet. Auch die Chefin fand es in Ordnung, daß sie selber Gemeineigentum geworden war. Jeder sollte wissen, daß sie sich nach weniger als zwei Jahren von ihrem ersten Mann hatte scheiden lassen, weil der keine Kinder wollte. Als sie mit dem zweiten schließlich die gewünschten Kinder bekam, wurde das Volk auch darüber ins Bild gesetzt. Die Babypause, dem Sender in einem Präzedenzfall abgetrotzt, war dann schon eine Staatsaktion.

Seit sich die Zahl der Sender vervielfacht hat, erreichte niemand dauerhaft dermaßen hohe Einschaltquoten; in ihrer besten Zeit kam Margarethe Schreinemakers auf acht Millionen ergriffener Kommystiker, die mit der Hohepriesterin des schlechten Geschmacks die Menschlichkeit feierten. Obwohl es jedem seriösen Fernsehschaffenden vor ihr graute, durfte sie doch an einer Diskussion im Presseclub über die journalistischen Grundwerte teilnehmen. Vielleicht sind ihr danach die Maßstäbe etwas durcheinandergeraten. »Ich bin sicher mehrheitsfähig«, sagte sie wahrheitsgemäß in einem Interview, um dann fortzufahren: »Als Bundeskanzlerin hätte ich eine echte Chance – nach Kohl.«

Das war endgültig zu laut gekreischt. Offenbar wußte sie schon selber nicht mehr, was sie eigentlich tat. Aber Größenwahn ist fast schon eine Berufskrankheit. Vielleicht glaubte sie auch wirklich an die seelsorgerische Bedeutung von »Schreinemakers Live«. Wenn ihr so viele Menschen bei den Beichtgesprächen zusahen, dann konnte sie auch als Wunderheilerin gehen oder gleich eine eigene Sekte aufmachen. Ein Höhepunkt wurde der Auftritt von Karin Waigel, der noch nicht geschiedenen Frau des Finanzministers, die psychisch instabil und deshalb auch bereit war, sich in »Schreinemakers Live« deutlich über die Untreue ihres Mannes zu äußern. Als das Finanzamt eines Tages die Meinung vertrat, daß Schreinemakers das Honorar für ihre Sendung widerrechtlich praktisch unversteuert ins Ausland verschoben hatte, fühlte sie sich zu einer besonders volkstümlichen Aktion aufgerufen: *Live* klagte Margarethe Schreinemakers den Finanzminister einer Menschenrechtsverletzung an, weil er persönlich Geld von ihr wolle. Da drehte sogar SAT 1 ab, die Beschwerde ging ins Leere. Manchmal hat auch der Paranoiker recht: Schreinemakers verlor durch ihre Steuervermeidungspolitik die Gunst der Zuschauer, wechselte den Sender, verlor noch mehr Zuschauer und wurde nach kurzer Zeit aus dem Programm genommen. Die Leute wollten sie als Schaustück sehen, aber nicht auch noch ernst nehmen.

Das Private ist das Öffentliche, Schreinemakers machte sich zur Staatsaffäre, doch der Staat blieb stärker. Der Zorn der Zuschauer ließ sich nicht so leicht erregen wie zuvor das Mitleid und die reine Schaulust. Schon gar nicht, als auch dem arglosesten Anhänger des Schreinemakerschen Patschhandauflegens klar wurde, daß er eine mehrfache Millionärin beim fortgesetzten Steuerbetrug unterstützen sollte. Es gibt noch eine Gerechtigkeit, sogar im Fernsehen.

Unter uns Pastorentöchtern: Antje Vollmer

Heute ist sie gerngesehener Gast bei Alfred Biolek, weil sie als besonders gelungener Fall von politischer Resozialisierung in der Bundesrepublik gilt. Doch, auch Antje Vollmer ist mal links gewesen, volle Kanne KPD/ML-AO, sie »liebte die Warze von Mao Tse-tung« (Franz Josef Degenhardt), idolisierte Clara Zetkin und präsidiert heute von Gnaden Wolfgang Schäubles über den Deutschen Bundestag. Schon kraft ihres Stellvertreteramtes steht sie über den Parteien und ist von ihrer eigenen mittlerweile so weit entfernt, daß sie gegen diese und für Diätenerhöhungen stimmt. Schließlich sei durch eine »inszenierte Übermoralisierung der Institution Abgeordneter der parlamentarischen Demokratie insgesamt Schaden zugefügt worden«. Überparteilich und unabhängig waltet sie auch, wenn sie auf das Pfingsttreffen der sudetendeutschen Landsmannschaften geht und sich auspfeifen läßt. Früher einmal pflog sie über Grenzen und Mauern hinweg ein besonders inniges Verhältnis zu Erich Honecker, später durfte sich Oskar Lafontaine ihrer Gunst erfreuen: Als er das saarländische Pressegesetz zu eigenem Nutz und Frommen bis zum Lafontainment beschneiden wollte, weil er sich vom »Schweinejournalismus« verfolgt fühlte, stand Antje Vollmer mannhaft auf und entdeckte ein neues Hobby: die »nackte Barbarei« in den Medien. Die »Zivilgesellschaft« gelte da nicht mehr, und sogar in Fußballstadien ginge es humaner zu als, sagen wir: in der Literaturkritik.

Auch Antje Vollmer folgt dem höchsten Ideal des süßen Mädels, sie möchte einfach nur geliebt werden. Dabei bleibt sie am liebsten in ihren Kreisen, bei ehemaligen Bundespräsidenten und -kanzlern, bei Schriftstellern und Wissenschaftlern. Das Mädel ist nicht für alle da, o nein. Im Sommer 1995 erschien Günter Grass' Roman *Ein weites Feld* und wurde fast überall verrissen. Sicherheitshalber kam Frau Vollmer erst gar nicht auf den Gedanken, daß es am Gegenstand liegen könnte, sondern entdeckte eine Kampagne. Dahinter steckten wahre Unmenschen, die bekannten deutschen Schreibtischtäter. Im Verteidigungseifer gerieten der Detektivin schnell die Metaphern durcheinander. »Ich bezweifle«, schrieb sie schließlich, »daß auch nur einer von denen, die hoch dotiert und mit stets gepflegten Fingern an ihren feinen, scharf gespitzten Schreibinstrumenten sitzen, eine Ahnung davon hat, was es an Einsamkeitserfahrung bedeutet, im Zentrum der Schweigespirale solcher Kampagnen zu stehen.«
Die Kampagnenjournalisten haben natürlich manikürte Hände (und klebt nicht sogar Blut dran?) und selbstverständlich sind ihre Schreibinstrumente »scharf gespitzt«. Scharfe PCs? Egal. Schließlich haben es die Hochdotierten auf ein Opfer abgesehen, da dürfen sie ruhig spitz sein. Endlich die »Schweigespirale«, das wundersame Wort, mit dem Elisabeth Noelle-Neumann nach der knapp verlorenen Bundestagswahl von 1976 Helmut Kohl erklären wollte, warum er nicht Bundeskanzler wurde. Weil ihn nämlich die Medien, die bösen, einfach totgeschwiegen hatten, ja!

Grass wurde keineswegs hartnäckig beschwiegen, sondern unermüdlich interviewt, befragt, porträtiert und rezensiert. In der gesamten deutschen Nachkriegsliteratur hat kein Buch und kein Autor soviel Aufmerksamkeit erfahren wie das *Weite Feld* von Günter Grass. Der Frau Vizepräsidentin des Deutschen Bundestages geht es aber keineswegs um etwas so Niedriges wie Fakten oder auch nur um Günter Grass: »Es geht um die blindwütige Zerstörung von Autorität und Kreativität.«
Manchmal nämlich fühlt sie sich aufgerufen, als *Citoyenne* aufzutreten und einer Domina gleich in der pädagogischen Provinz einzuschreiten. Die Freundschaft mit Oskar Lafontaine hat ihr wohl die Augen dafür geöffnet, daß das Öffentliche künftig besser privat behandelt wäre. Es geht einfach nicht, daß die Presse sich ständig um Diäten kümmert und nach dem Umgang fragt, den namhafte Politiker so pflegen. Die würden am Ende ja kontrolliert. »Schlimm wird es, wenn die Medien um eine einzelne Persönlichkeit Arenen bilden. Das Entscheidende ist, ob die Medien um eine als Bösewicht ausgerufene Person den Kreis so schließen, daß die Person nicht mehr herauskommt.« Günter Grass (cf. → *Die Nachtwächter)*, um den sich im Sommer 1995 der Kreis doch angeblich so eng geschlossen hatte, konnte sich mühelos aus der Umklammerung befreien und zwei Jahre später die Ovationen sämtlicher Medien zu seinem siebzigsten Geburtstag entgegennehmen. Das hat den frommen Eifer des Mädels aber nicht mildern können.
Seit Jahren predigt Antje Vollmer eine neue formierte Gesellschaft. So wie die Gewerkschaften die Interessen

ihrer Angehörigen bei Bau, Steine, Erden oder der Müllabfuhr vertreten, sollten sich auch die Intellektuellen (oder wie es bei Frau Vollmer in einer Mischung aus neuem und altem Jargon heißt, die »Medienarbeiter«) zusammentun und gemeinschaftlich auftreten. Seit sie ein so scheinhohes Amt bekleidet, glaubt sie auch an Institutionen und Autoritäten. Journalisten würden da nur stören, sie sollten besser draußen bleiben. Die Medien sind heute angeblich »mächtiger als die Politik, und ausgerechnet für diesen Raum sind fast keine demokratischen Regeln entwickelt worden«.

Was immer »die Politik« sein soll, die den Medien so weit unterlegen ist, die Vorstellung vom Raum offenbart ein seltsames Bedürfnis nach Aufteilen und Gliedern, wie es die ständische Gesellschaft noch hervorragend beherrschte. Hier ist der Politikbereich, der in letzter Zeit einfach zu sehr vom Journalismus behelligt worden ist, und da ist jener der Kultur, der für sich Sprecher und bitte endlich auch demokratische Regeln herausbilden soll. Man kann sich richtig vorstellen, wie die Frau Vizepräsidentin die Parade der verschiedenen Gliederungen ihrer neuen Gesellschaft abnimmt.

Bis es soweit ist, geht sie über Helden und Gräber missionieren. Den *Anschwellenden Bocksgesang* von Botho Strauß (cf. → *Leberwurst, beleidigte)* habe sie zwar nicht verstanden, erhoffe sich aber vom Autor weitere Aufklärung, »with best wishes«. Nach Art der Mormonen macht sie Proselyten sogar unter den Toten: Denn warum sonst reiste die kommende Bundespräsidentin ans Heine-Grab am Montmartre, um nach den Sudeten einen weiteren Heimatvertriebenen heim ins Reich zu holen und dem »Pariser Bürger, Europäer und Kosmopoliten« bei selber Gelegenheit zu versichern, daß er sich »um das Vaterland verdient gemacht« habe? Heine muß sich, wie die traditionelle Formel lautet, im Grab umgedreht haben. Aber schließlich hat er die Frauen gerne geküßt, und vielleicht hätte er sich am Ende sogar mit Mlle. Vollmèr befreunden können.

DER KANDIDAT

Der Kandidat will alles mögliche, bloß nicht Kandidat bleiben. Die Macht ist immer schon vor ihm da, sie wartet nur auf ihn, aber er soll sie nicht bekommen. Der Kandidat erklimmt ein Amt nach dem anderen, wird Vorsitzender der Jungsozialisten, Ministerpräsident in einem zweitklassigen Bundesland, darf gelegentlich als Bundesratsvorsitzender oder als wirtschaftspolitischer Sprecher seiner Partei amtieren, aber immer ist da ein noch höheres Amt, nach dem er sich verzehrt, das wie geschaffen ist für ihn, in das er aber einfach nicht gelangen kann. Ein Älterer sitzt schon da, der Mann der stärkeren Partei, einer, den sie nicht so fürchten wie ihn mit seinem wölfischen Ehrgeiz. Der Kandidat verfällt in tiefste Depression. Er hat alles, will aber kein anderes als dieses Amt und gäbe alles dafür. Diesmal muß es sein. Denn beim nächsten Mal ist er schon zu alt dafür. (Und hat er nicht schon in seinem eigenen kleinen Bundesland einen sehr viel jüngeren Gegenkandidaten?)
Franz Josef Strauß war jahrzehntelang der beste Kandidat der Bundesrepublik. Schon bei Adenauer galt er als der kommende Mann, doch Adenauer entließ ihn aus der Regierung, als der Machthunger des Kandidaten gar zu offensichtlich wurde. Strauß schmollte, zog sich in sein Regionalreich zurück und kam wieder. Obwohl er inzwi-

schen zum Gottseibeiuns promoviert war, bandelte er sogar mit den Sozis an, um wenigstens eine Teilmacht zu genießen. Nach drei Jahren wurde er neuerlich in die Provinz verstoßen, bis ihm 1979 endlich gelang, wonach er sich all die Jahre verzehrt und was er offenbar schwitzend vor Angst gefürchtet hatte: Seine Partei stellte ihn gegen den Amtsinhaber auf und ließ ihn ins Messer laufen. Wieder blieb ihm nur der Rückzug, und diesmal war es ein Absturz. Es kam zu unschönen Szenen, der ewige Kandidat lallte im Fernsehen depressionstrunken über die verkommene Politikerkaste oder verbrüderte sich gleich mit Erich Honecker. Schließlich verschwand er aus der Geschichte.

Willy Brandt, der in drei Wahlkämpfen antrat, bis er es zum Bundeskanzler brachte, konnte ebenso depressiv sein wegen seines fortgesetzten Scheiterns. Doch der richtigen Depression fiel er erst anheim, als er das begehrte Amt endlich erlangt hatte. Er stürzte die Bundesrepublik in eine tiefe Krise, von der sie sich womöglich erst durch die Dauermedikation mit dem Placebo Helmut Kohl einigermaßen erholen konnte. Der Kandidat, muß der Schluß lauten, gelangt besser nie in das angestrebte Amt. Er hat seine Erfüllung draußen gefunden, in der ungestillten Sehnsucht nach dem Unerreichbaren.

Ich bin bereit: Gerhard Schröder

Die Geschichte ist wahr oder jedenfalls so gut erfunden, daß sie vom Kandidaten lieber nicht dementiert wird. Nach einer abendlichen Bonner Trinkerei sei man noch vors Bundeskanzleramt gezogen, wo der Kandidat unbedingt am verschlossenen Gitter rütteln und sein innerstes Sehnen offenbaren mußte: »Ich will da rein!« Ganz sicher ist er sich also nicht.

Gerhard Schröder will Kanzler werden und wird es vielleicht sogar. Dann muß er sich nicht mehr von Ferdinand Piëch auf den Wiener Opernball einladen lassen, sondern kann selber nach Lust und Laune in der Weltgeschichte herumfliegen. Er müßte sich nicht mehr für sein wölfisches Lächeln entschuldigen oder in verklemmten Sätzen von seiner bescheidenen Herkunft sprechen (»Wenn man wie ich den individuellen Aufstieg aus kleinen Verhältnissen realisiert hat«). Es würde ihm keiner mehr seine Skrupellosigkeit, seine programmatische Leere vorwerfen; das Amt reichte als Botschaft und Handlungsanweisung für die Politik völlig aus.

Gerhard Schröder hat eine mustergültige SPD-Karriere hinter sich: Sohn einer Putzfrau und eines Hilfsarbeiters, Volksschule nur und dann Berufsausbildung, Abendgymnasium und bis zum Rechtsanwalt studiert. In den rabulistischen Juso-Wirren der siebziger Jahre ging er als »konsequenter Marxist« durch, der nicht bloß studiert hatte, sondern auch mit einer Bierflasche vor der Hüfte einigermaßen überzeugend wirkte. Schröder wurde Politiker. Wenn in Gorleben gebohrt werden sollte, stand er drohend daneben, wenn im Watt Gefahr im Verzug war, sprang er selbstverständlich ein. Schröder lernte die Arbeitsteilung schätzen und überließ die Ökologie den Grünen und seiner Frau. Er wurde Ministerpräsident und war dann doch schon ziemlich weit drin in der Macht, aber so leicht war diese nun auch wieder nicht zu haben. Seine Partei fand ihn für Höheres nicht geeignet, zog den goldmundigen Engholm vor, dann den haarichten Scharping. Schröder schmollte eine Zeitlang, wußte sich aber zu helfen und freundete sich mit der im Lande niedergelassenen Restindustrie an. Je mehr ihn seine Partei als »Auto-Mann« beschimpfte, desto heftiger wandte er sich gegen alle sozialdemokratischen Krankenpflegerdienste am Kapitalismus. Lieber wäre er »Manager der Deutschland AG« gewesen. Das klang weniger machthungrig und wurde auch bei den neuen Freunden verstanden. Mit dem Mann war vielleicht was anzufangen.

In Hamburg wurde eine neue Wochenzeitung namens *Die Woche* gegründet, und die bewarb ihn endlich so hingebungsvoll, wie er es sich schon immer gewünscht hatte. Die eigene regionale Presse in Hannover hatte sich ja nie dazu verstehen wollen. Schröder wurde ein Star, und die *Woche* fast so gut wie *Bravo*. Die *Woche* brachte ein Interview mit dem Ministerpräsidenten des Bundeslandes Niedersachsen, das freundlicherweise gleich zwei Seiten vollinserierte, in der folgenden Ausgabe schrieb Schröder einen anerkennenden Leserbrief, dann begann ein Vorabdruck aus dem Buch von Gerhard Schröder, das kommoderweise ein *Woche*-Mitarbeiter geschrieben hatte. Schröder war immer da, und er sah besser aus als der

Amtsinhaber. Zu sagen hatte er nicht viel anderes als dieser, aber es wirkte gleich viel frischer. Sogar das Fernsehen merkte es. Schröder wurde zu Thomas Gottschalk eingeladen, die Gattin immer dabei, und er durfte wieder jene Kleinigkeiten aufsagen, die in der genügsamen Gegenwart bereits als jugendlich galten: Innovation, Zukunft, Leistung. Wir sind die Schröders: Ein Paar, das seinesgleichen suchte. Gemeinsam war man nichts Geringeres als das Ehepaar Clinton.

Noch berühmter wurde Schröder freilich, als ihn seine Frau nachts an der Staatskanzlei deponierte, weil er eine Freundin hatte. Jahrelang hatte er sich um staatsmännisches Auftreten und Seriosität bemüht, doch wirklichen Glamour brachte ihm erst der Abschied von dieser Frau, die ihn keine Currywurst essen ließ und mit der er nächtens die mangelnde staatliche Obsorge bei Krötenwanderungen diskutieren mußte. Schröder blieb Schröder und sein bestes Programm. Von der Bierflasche bis zum heimlich an der Autobahn verdrückten Hamburger ist es gar nicht so weit. Das war doch der konsequente Marxist, den seine Partei bei ihm vermißt hatte, und die Wähler verstanden sein höchstpersönliches Männerleiden besser als die Umstände des Polizeieinsatzes für den dritten Castor-Transport. Das Glück des Kandidaten war schließlich gemacht, als der entführte Jan Philipp Reemtsma als Lebenszeichen eine *Bild*-Zeitung in die Kamera hielt, auf der Schröder samt neuer Freundin abgebildet war. Jetzt war Gerhard Schröder nicht bloß ein Kandidat, er war über Nacht zum Helden herangereift (cf. → *Helden unserer Zeit*).

Auch wenn er kein größeres Sehnen als das nach dem Kanzleramt kennt, der Kandidat vollendet sich bereits im Niedersächsischen. Fünfzigtausend Arbeitsplätze hat er in den letzten Jahren in seinem Einflußbereich retten können, allesamt Arbeitsplätze in den alten Industrien, bei Autozulieferern, Werften und in der Rüstungsindustrie. Zuletzt kaufte er noch die Preussag und entsprach damit einer Maßgabe aus seiner jungsozialistischen Zeit, als die Stamokap-Lehre die Enteignung der Schlüsselindustrien und den Staat als allumfassendes Industrieunternehmen vorschrieb. Der angebliche Modernisierer Schröder bremst mit seinem populistischen Einsatz für diese erschöpfte Industrie den Fortschritt, den er Deutschland verordnen möchte. Ach, wenn's doch wieder wäre wie früher!

Auch wenn sich der Kandidat in einem immerwährenden Wahlkampf befindet, er hat seine alten Freunde nicht vergessen und wirbt für die *Woche*, die ihn so ausdauernd als Retter anpreist: »Ja-Sager bringen uns nicht weiter«, sagt er in einer Verlagsanzeige.»Deshalb lese ich *Die Woche!* Eine Zeitung, die sagt, was Sache ist, und immer eine Meinung mehr hat als andere.« Jedenfalls ist sie immer seiner Meinung, gleich wie die in der jeweiligen Woche ausfällt.

Seit sich Schröder von seiner Frau getrennt hat, ist Tony Blair Premierminister in Großbritannien geworden. Der Kandidat hat ein neues Vorbild und die Bestätigung, daß er am erfolgreichsten ist, wenn er die Politik des Amtsinhabers übernimmt. Erst wenn er ist wie Helmut Kohl, hat es der Kandidat geschafft, dann ist er endlich drin.

Der letzte Preuße: Edmund Stoiber

Anstrengend war es wieder: Schon am Vormittag auf den Nockherberg zum Salvator, da hat ihn der Schauspieler Max Griesser ordentlich derbleckt, und jedesmal, wenn die Kamera seine Reaktion testen wollte – nimmt er's sportlich oder ärgert er sich? –, mußte er mindestens die Hand zum Maßkrug führen und nach Möglichkeit, so streng sind die Stammesbräuche, noch einen Schluck draus trinken. Wenn das Starkbier auch gratis ist, so ist das Trinken noch lange nicht umsonst. Die Beliebtheit des bayrischen Politikers bemißt sich schließlich an den Dezibel, die seine Fidel-Castro-umständlichen Reden entfachen, wahlweise an dem Beifall, den die mehr oder minder matten Scherze über seine Performance erringen. Wenn ein Mann des Volkes wie Peter Gauweiler nicht mal mehr Gegenstand öffentlicher Frotzelei auf dem Nockherberg ist, hat er ausgespielt.

»Der Stoiba« (Dr. Edmund Stoiber über den Politiker gleichen Namens) trinkt tapfer, lächelt sein bekanntes säuerlich-überlegenes Lächeln, trinkt wieder, klatscht anerkennend, wendet sich tuschelnd den Nachbarn zu, trinkt noch einen Schluck, obwohl er Bier nicht besonders mag und Wein viel lieber hat, trinkt, weil es sich so gehört und »d'Leit« es von ihm so erwarten, im Kreise der anderen Territorialherren, mit Gauweiler und Waigel und den ganzen Herrschaften, und, wenn's sein muß, sogar mit der Dame von der Opposition. Ein gscheiter Rausch muß es geworden sein, schon am hellen Vormittag soviel Bier, wenn auch streng dienstlich. Der Referent sagt nachher, wahrscheinlich sei wieder nur Mineralwasser im Steinkrug gewesen.

Nach der Starkbierprobe muß Edmund Stoiber sofort wieder zum Regieren in die Staatskanzlei zurück, die Franz Josef Strauß für teuer Geld und siegessicher den Hofgartenrain wegfressend neben die Ruine des Armeemuseums hat bauen lassen. Max Streibl folgte ihm kurz nach im Amt, dann kam schon Edmund Stoiber, »der Stoiba«, und das heißt auf deutsch: keine Skandale, amigofrei, aber kerzengerade bayrisch.

Alles muß man selber machen, und er kann sowieso alles am besten. Am allerbesten wahrscheinlich Innenminister, da war er nämlich, die Gnade der Ironie ist ihm fremd, »Vollzugsminister« und vertrat die »ganze Bandbreite der Politik«. So hat er es von seinem Entdecker und Förderer gelernt, daß herrschen nur kann, wer für alles zuständig ist, für das Kruzifix in der Volksschule, die Rechtschreibreform, den Euro, die Landwirtschaftssubventionen, den Länderfinanzausgleich und die Weltpolitik unbedingt auch.

Stoiber legt Wert darauf, daß er abends als letzter das Licht ausmacht in der bayerischen Staatskanzlei. Eigentlich muß er es niemandem mehr beweisen, daß er der Fleißigste ist, aber da kann ja noch manches werden. Wenn er abends heimkommt nach Wolfratshausen, von München fast eine Stunde isaraufwärts, bringt er sich reichlich Akten mit. Er begrüßt nur kurz seine Frau, sitzt vor den Tagesthemen, aber sonst wird studiert bis in die Nacht, die kurz ist, denn um sechs geht es schon wieder los: Zeitungen, Zeitungen, wann sonst sollte er sie lesen?

Auch das familienfreundlich ausgiebige Frühstück beweist Stoibers berühmte verwaltungstechnische Effizienz: Wenigstens da hat er Gelegenheit, mit den drei Kindern zu reden, nach den Hausaufgaben zu fragen und was es in der Schule so gibt.

Der abwesende Vater ist der strengste Vater: Während der Woche sollten die Kinder nicht fernsehen, seine Frau wachte darüber, aber am Wochenende lief der Fernseher fast ununterbrochen, schauten sich die Kinder dieses ganze »Bingo-Zeig« an, für das der Vater als Fernsehrat und Programmpolitiker in den Siebzigern so aufopfernd gekämpft hatte. Kein Achternbusch, kein Praunheim, kein Polt durfte auftreten, ohne daß Stoiber mit Volkes Stimme zur Ordnung mahnte, die bayerische Verfassung beschwor und mit Abschalten drohte. Das ist zum Glück heute ausgestanden, ARD und ZDF sind verkleinert und unter Druck und bringen solche Sachen lieber nicht mehr. Auch das ist sein Verdienst. Ebenso wie die Segnungen des Privatfernsehens. Er weiß auch, daß es der letzte Dreck ist, was Kirch und Thoma da nachts als Volksaufklärung abspielen, aber die Propaganda, seine, war's wert, das sind »in Kauf zu nehmende negative Folgen«, und schließlich habe man erst mal Geld verdienen müssen. Stoiber ist auch da mit sich zufrieden, hat er doch mitgeholfen, die öffentlich-rechtlichen Sender zu »entautorisieren«. Die Privatsender bringen auch mal andere Nachrichten, nicht immer bloß Politik und vor allem Abträgliches über ihn und seine Partei. Als gnadenloser Populist weiß er, was sein Volk haben will, so eine saubere Scheidung im englischen Königshaus zum Beispiel. Für ihn sei das nichts, aber »meine Frau interessiert des«.

Bei solch wegwerfenden Redefiguren oder seinen abenteuerlichen Ausflügen in die Zeitgeschichte redet es manchmal so finster aus ihm heraus, als wäre »der Stoiba« gar nicht der Einserjurist Edmund Stoiber, sondern eine von Gerhard Polt erfundene Sprechmaske.

Den Mann dafür gibt es kaum, so sehr hat er sich freiwillig nach dem überlebensgroßen Bilde seines verehrten Herrn und Meisters geformt. In seiner Erblinie läßt er sich gern salutierend unterm Wegkreuz bei den Gebirgsschützen fotografieren. »Wir in Bayern stehen hinter dem Kruzifix«, verkündet er und ist wieder ganz der Anwalt des Traditionsbayern, dem fremde Mächte dreinreden wollen. Zu Hause nimmt er völlig zufrieden mit sich inmitten einer Zinntellersammlung Platz, einen Band Reden von Franz Josef Strauß immer in Reichweite. Spätestens seit Strauß auf ihn aufmerksam wurde, ihn statt, wie erhofft, zum Staatssekretär im Ministerium zum Generalsekretär der Partei machte, ist er der robotende »Stoiba«. Der Verwaltungsfachmann schulte um auf Aphoristiker, entdeckte Ratten und Schmeißfliegen und die legendäre Gleichung Sozialisten = Nationalsozialisten, propagierte die Freiheit gegen den Sozialismus und drohte mit der durchraßten Gesellschaft. Seine größte Stunde kam, als er zusammen mit Friedrich Zimmermann seinen Chef zur Kanzlerkandidatur drängen konnte, vor der Strauß wieder einmal zurückzuckte. Es klappte dann leider nicht, und nie mehr war Stoiber den Tränen so nah wie am Abend der verlorenen Wahl.

In den Münchner Klatschspalten wird gelegentlich naserümpfend vermerkt, daß sich Karin Stoiber in Wolfratshausen frisieren lasse, also barocker sei als notwendig. Den Leuten gefällt aber gerade das bei der Landesmutter, und schließlich hilft sie, dem Ehemann das Finster-Jesuitische zu nehmen. Wer weiß, vielleicht vergessen sie irgendwann sogar, daß der Stoiber eine Brille trägt und eigentlich wie ein arroganter Intellektueller aussieht. Gemessen an der Partei mag er das sogar sein, aber wenn er volkstribunenhaft wird und über die in Bonn oder Brüssel tobt, die ganzen Verwaltungsvorschriften, die Schande des organisierten Verbrechens, über das er mühelos die Brücke zu den Scheinasylanten schlägt, und daß wir mehr Rechte für unsere Polizei bräuchten, dann karikiert er sich selber, aufgeregt, sektiererisch, kreischend und noch bleicher als sonst schon. Aber einer muß es schließlich machen. Der Waigel kann nicht reden und hat sich von Kohl einkaufen lassen. Wenn der auftritt auf den Parteitagen und beim Politischen Aschermittwoch, bemüht er sich zwar auch um jene Aggressivität, die den wahren Volkshelden auszeichnet (cf. → *Helden unserer Zeit*), aber dann hört sich seine Rede doch wieder so matt an, als hätte er sie Helmut Kohl vorher abzeichnen lassen. Auf Kohl kann Stoiber keine Rücksicht nehmen. Er denkt schließlich weiter und in ein unzufriedenes Europa hinein, das dem Amtsinhaber nur mehr rosenrot verschwimmt. Alles traut er sich zu, und den FC Bayern könnte er auch besser führen als Beckenbauer, doch die Politik ist schließlich sein Schicksal. So kann man auch der Kaiser von Europa werden.

DIE ZUCHTMEISTER

Mit deutscher Kraft und Herrlichkeit war es vorbei, als Professor Rath im »Blauen Engel« gelandet war und den Clowns mit der pädagogischen Strenge kommen wollte, die er bis dahin an seinen Schülern exerziert hatte. Bei weniger freien Geistern hat sich die Sehnsucht nach einem, der es besser weiß, mehr oder weniger schamhaft erhalten. Gotthilf Fischer vermag jedes Jahr neue Rekorde bei seinen Chorgesängen aufzustellen; offenbar gibt es nichts Schöneres, als unter seinem Dirigat »Hoch auf dem gelben Wagen« anzustimmen. Ohne Kritiker gäbe es vielleicht gar nicht diese überreiche Buchproduktion, ohne Marcel Reich-Ranicki mit Sicherheit kein »Literarisches Quartett«. Was immer sich bei ihm von der Strenge der Alten und seiner Liebe zur Literatur erhalten hat, er züchtigt wie kein zweiter, und sein Volk folgt ihm überallhin. Mögen auch die Werte verfallen und die Reiche vergehen, der erhobene Zeigefinger bleibt bestehen.

Wenn der Kartoffelsalat spricht: Frank Castorf

Am Ende dieser Geschichte, erzählte Frank Castorf leutselig, »saß ich in Karl-Marx-Stadt in der Kantine und dachte, diese DDR, diese Nichtbewegung, diese Dekadenz: Wir brauchen ein neues Stahlgewitter, wir brauchen faschistoide, vitale Gedankengänge.« Der Arme! DDR, Karl-Marx-Stadt und weit und breit keine richtige Dekadenz! Da geht einer unweigerlich seinen sozialistischen Gang.

Die DDR ist dabei untergegangen, Karl-Marx-Stadt heißt wieder Chemnitz, aber Castorf sitzt immer noch in der Kantine. Der Klassenkampf hat ihn wenigstens eine Klasse nach oben befördert, und jetzt ist er Intendant der Berliner Volksbühne am Rosa-Luxemburg-Platz. Manchmal drücken sich in der Kantine zwischen jungen Tänzern, die den Stahlhelm neben dem Tagesgericht abgesetzt haben, blaugefrorene, solschenizynbärtige Gestalten herum, Obdachlose, Vereinigungsopfer, zur Winterszeit hereingebeten ins Theater, als sollten sie die Statisterie spielen für ein aktuelles *Nachtasyl*.

Weil auch damit das Haus noch nicht gefüllt war und schon Jesus die Zuladung von Bettlern und Landstreichern anordnete, gewährte der Herr Intendant bei Gelegenheit Gregor Gysi, Lothar Bisky und weiteren vom Finanzamt gnadenlos verfolgten PDS-Politikern Unterschlupf in seinem Theater, damit sie ihren Hungerstreik unter professioneller Anleitung in Szene setzten. Der Herr Intendant machte selber eine gute Figur und ließ sich im Heizungsraum der Volksbühne im roten Leibchen fotografieren, als wollte er eine *nouvelle vague* der reklametreibenden Wirtschaft bestätigen: Der Trend geht zur Titte beim Mann. Als Kowalski-Pin-up, verfeinert freilich durch eine nachdenkliche Brille, erschien Frank Castorf auf dem Titel der Fachzeitschrift *Theater heute*.

Gleichzeitig outete er sich in der *Jungen Welt*, der ehemaligen Zeitung der SED-Untergruppe FDJ, als Fan des frühen Ernst Jünger.
»Jünger ist Tabuverletzung«, erklärte sich Castorf mit freigelegter Brust. Castorf ist keineswegs der einzige, den es nach Tabuverletzung gelüstet und der sich deshalb zu Füßen des alten Kommißkopps versammelt. Botho Strauß (cf. → *Leberwurst, beleidigte*) fand ihn besonders ragend, und im Wendejahr 1989 pilgerte auch Heiner Müller nach Wilflingen, kehrte sichtlich erleuchtet wieder und faselte etwas vom »Krieg als Sinnsuche«. Auf merkwürdige Weise fühlen sich gerade unsere lieben Brüder aus der Ostzone (die Schwestern sind soweit noch bei Verstand) von dem alten Haudegen angezogen. Frank Castorf, der Herr im roten Unterhemd, folgte also nur einem in Frankfurt und Berlin ausgegebenen Schlachtruf, als er seinerseits westwärts zur Blutfahne eilte.
Man kennt die Signale aus der grauen Vorzeit der Avantgarde. »Die einfachste surrealistische Handlung besteht darin«, erläuterte André Breton 1930 seinen Anhängern, »mit Revolvern in den Fäusten auf die Straße zu gehen und blindlings soviel wie möglich in die Menge zu schießen.« Das Geballer ist ziemlich verklungen, der Surrealismus untergegangen mit Mann und Maus, die bürgerliche Gesellschaft, in die der Amoklauf zielte, lebt fröhlich weiter. Schlimmer noch, sie fügt der Avantgarde die größte denkbare Schmach zu, genießt bei einem Piccolo dieses Kraftprotzentum und freut sich auch noch königlich, wenn sie beispielsweise von der Volksbühne herab beschimpft wird.

Die Regie-Exzesse, mit denen Peter Zadek und Peter Stein und Claus Peymann berühmt wurden, Desdemona über der Wäscheleine und Gretchen als Hure, auf und ab gefeiert im Feuilleton, es gibt sie leider nicht mehr. Die Helden von damals sind müde oder Intendant geworden. Wieder einmal leben sie ihrer Generation, den mit ihnen frühvergreisten Achtundsechzigern, das aktuelle Lebensgefühl vor: Die einen geißeln sich, wie's schöner katholischer Brauch, für ihre Jugendtorheiten, die anderen sind so kunstfromm geworden, daß ihnen noch das letzte Fünkchen aus der Schaubühne die Aufklärung ersetzt. Und dann kommt einer dahermarschiert aus dem wilden Osten, wo jeder Exzeß verboten war und der Antifaschismus Staatsreligion, und gibt in einer launigen Reprise den Regie-Berserker der siebziger Jahre. Womit wohl könnte er mehr Aufsehen erregen im »aufgeklärt-liberalen Bereich der Toskana-Fraktion« als mit seinem sogenannten »faschistoiden« Gedröhn? Kartoffelsalat bzw. Elfriede Jelinek für alle schafft das nicht.
Auch hier wäre es verfehlt, den Schoß fruchtbar noch zu wähnen und den Faschismus bereits an die Hofpforte klopfen zu hören. Mehr als alles andere verdienen die Neubürger aus dem Osten unser Mitgefühl. Im Schnelldurchlauf müssen sie jetzt alles nachholen, was wir im Westen in behutsamen Lernschritten beigebracht bekamen. Der normale DDR-Proll kaufte 1990 nach der Währungsumstellung als erstes einen gebrauchten BMW, ließ zu Hause vor dem spätstalinistischen Plattenbau den Motor aufheulen und zeigte allenfalls ein bißchen Eleganz, wenn er die Karre übertourig, aber paßgenau um einen

Alleebaum wickelte. Frank Castorfs »Sehnsucht nach Vitalität« gebärdet sich nicht weniger halbstark und pubertär. Die Sehnsucht ist sehr deutsch und kommt wie Ernst Jünger aus der Zeit vor dem Ersten Weltkrieg, als die von ihren Professoren aufgehetzten Studenten nichts Schöneres wußten, als in die Schlacht zu ziehen und rasch zu fallen. Jünger war einer von ihnen, durfte die wilhelminischen Männerphantasien ausleben, nur daß er überlebte und über die *Stahlgewitter* Bücher schrieb.

Diese transpirierende Kriegsbegeisterung ist schon etwas länger her, aber heute wieder so modern wie der *hard body* für den richtigen Mann. »Nach Mut, nach Kraft, nach all den Sachen, die wahrscheinlich heute im rechtsradikalen Fundus zu finden sind«, dürstet es den Theatraliker Castorf. Aber nicht Kritik, sondern das Verständnis eines Streetworkers ist angezeigt für den halbstark auftrumpfenden Castorf, der da seine Muckis spielen läßt und so gern so böse wäre. Aber wie üblich guckt wieder kein Schwein. Die fürs Deutschnationale und sonstiges Mannestum zuständige *FAZ* beklagte bitter, daß sich keiner pc-mäßig aufregen wollte über Castorfs stahlgewitternde Kraftmeiereien.

Sie sind auch sehr weit hergeholt. »Wer nicht wenigstens einmal im Leben«, beruhigt uns André Breton im Zweiten Surrealistischen Manifest, »Lust gehabt hat, mit dem derzeit bestehenden elenden Prinzip der Erniedrigung und Verdummung aufzuräumen – der gehört eindeutig selbst in diese Menge und hat den Wanst ständig in Schußhöhe.« Und wer möchte schon zu diesen Wanst-Bürgern gehören? Sie nicht, ich nicht, Botho Strauß nicht und der brustbetonte Frank Castorf nie im Leben. Dann lieber die Laufbahn eines Amokläufers einschlagen. Es ist wie auf der Postkarte »Arthur, lebe wild und gefährlich«, die über Jahre in jeder zweiten Wohnung am Küchenbrett hing. Im Zweifel langt es dann doch wieder nur zum gefährlich PS-starken Dienstwagen und zum braven Familienleben. Sie wären alle so gern böse, die kleinbürgerlichen Anarchisten von der *FAZ*, doch was da dröhnt, bei Strauß, bei Müller, bei Castorf und ihren Nachbetern, ist ein hauchzartes spätpubertäres Blechgewitter.

Die Tragödie (oder meinetwegen der Bocksgesang) der ungedienten Jahrgänge, der inzwischen fünfzigjährigen Mickermänner, möchte einem fast das Herz brechen. Durch die Mißgunst der Geschichte erhielten sie nie Gelegenheit, richtig mitzutun bei den Schlachten dieses Jahrhunderts. Schnöde wurden sie um das Erlebnis des Schützengrabens betrogen. Frank Castorf, der kleine Halbstarke aus Karl-Marx-Stadt, der zittert vor Gier nach dem reinigenden Stahlbad, hat sich im Gefühl der historischen Verantwortung gegen Volk und Vaterland aufgeschwungen und lehrstücksimpel vorgeführt, wie schnell seinesgleichen Brust und Kopf anschwellen, wenn nur die rechte Trommel ruft.

Menschlich viel Nettes: Dieter Thomas Heck

So ganz recht ist es ihm nicht, wenn er schon wieder an die alte Hitparade erinnert wird, »eine Sendung des Zett-de-eff«. 183mal und sechzehn Jahre lang hat Dieter

Thomas Heck damit am frühen Samstagabend die Hitparade beendet. Verdammt lang her: Die letzte sagte er schließlich im Dezember 1984 an, und seither hat er doch gewaltig expandiert, »Melodien für Millionen« gemacht, eine erfolgreiche Musikproduktion gegründet, »Musik liegt in der Luft«, »Pyramide«, »Das ist Ihr Leben« moderiert und kürzlich erst die »Aktion Sorgenkind« wieder in die Höhe gebracht.
Er ist vielleicht nicht mehr im Alter für den idealen Schwiegersohn, aber es gibt ihn immer noch und stärker als je zuvor: Rainer Barzel heiratet, Tony Marshall feiert mit seiner Hilfe, und mit dem längsten Bundeskanzler aller Zeiten versteht er sich doch auch gut. Monatelang geht er auf Tournee mit der jeweils neuesten Schlagerparade, hat ein-, zweimal selber gesungen, ist sogar in einem »Tatort« aufgetreten, aber was ihm ewig anhängt, ist die ZDF-Hitparade. Doch, es war schon eine schöne Zeit: Wie da lauter hochtoupierte Herrschaften mit dschungelfett wuchernden Koteletten und in merkwürdigen Hosen diese schlichte Treppe heruntergestakst kamen, Damen hinterdrein mit abenteuerlichen Frisuren und karierten Röcken, und gelegentlich ein superniedliches, zahnlückiges Gör, das einem unbedingt mitteilen mußte, daß es schön sei, auf der Welt zu sein. Insgesamt ein Personal, das mit einem Pidgin-Thesaurus von dreiunddreißigeindrittel Wörtern von Herz bis Weh und nett bis klein zum Playback die deutsche Sprache bis an die Schmerzgrenze schonte. Kaum hatte die MAZ sie im Griff, fielen auch schon die Zuschauer in dieses Dreivierteltaktklatschen ein, das noch jedem Stück den Rest Musikalität

raubte. Dann stieg Chris Roberts oder Bernd Clüver oder Jürgen Marcus um zwei Punkte, vielleicht fiel er auch, auf jeden Fall klatschte alles, und Dieter! Thomas!! Heck!!! zählte rasend schnell die Mitwirkenden der Sendung auf, die Mitglieder einer obskuren Jury, die diese Hits ausgewählt hatte, vergaß den Produzenten nicht und auch den Regisseur, und das war dann wieder »eine Sendung des Zett-de-eff«.

Samstagabend in Deutschland, und der begann in den Siebzigern eine ganze kleine Epoche lang mit Dieter Thomas Heck und seiner ZDF-Hitparade. Da mochte die Welt draußen weitergehen, wie sie wollte, Willy Brandt Bundeskanzler und Jürgen Bartsch zum zweiten Mal verurteilt werden, die ersten Menschen auf dem Mond herumtapern und Pol Pot sein Volk massakrieren, die deutschen Schlagersänger kamen immer im gleichen Takt die Treppe heruntergeschritten, zogen das Kabel für ein Mikrophon hinterher, in das sie nicht sangen, verdrehten die Augen für Gefühle, die sie nicht kannten – und die Zuschauer auf den Rängen prätschten mit einer gebremsten Leidenschaft mit, als gäbe es nichts Schöneres auf der Welt als jenen Satz vom zureichenden Grunde, den ein Philosoph bündig für alle Zeiten formuliert hatte: »Tränen lügen nicht«.

Im Berliner ZDF-Studio gab es keine Drogen, sondern nur Rüschenhemden, mafiabreite Schillerkragen und eine Überdosis allenfalls an Schmalz. Das ist einigermaßen ungefährlich und macht auch nicht süchtig. Obwohl es Gerüchte über bedenkliches Appetenzverhalten gibt: Über Jahre fischte die Kamera unter den Zuschauern eine ältere Dame heraus, der Moderator begrüßte sie freundlich und freute sich daran, wie sie mitklatschte. Das war die »Hitparaden-Oma«. Sie brachte Blumen mit und selbstgebackenen Kuchen fürs Team, und schließlich nahm auch noch jemand eine Platte mit ihr auf. Soviel Anhänglichkeit wurde dann selbst dem netten Herrn Heck zuviel.

Sonst kennt er nämlich nur freundliche Worte für seine Sendung, für die deutschen Sänger, den deutschen Schlager sowieso und für die Kollegen erst recht. Thomas Gottschalk ist »einer der Besten«, der Nachrichtensprecher Peter Kloeppel von RTL ist »einer der Besten überhaupt«, selbst Harald Schmidt mag er »ungeheuer gerne«, auch wenn dessen Witze »undiskutabel« für ihn seien. Der habe einen »ganz anderen Zuschauerkreis«, und wenn er, Heck, diese Schmidtschen Polenwitze machte, hieße es am Ende, »der hat wirklich die Polen angegriffen«.

Das muß nicht sein. Dieter Thomas Heck ist nämlich die Nettigkeit in wohlgekleideter Person, und jedes böse Wort über den Schmarrn an populärem Sangeswerk, das er seit Jahrzehnten mit seinem unverwüstlichen Charme ansagt, wird an dieser Nettigkeit zuschanden. Die Welt mochte sich drehen, Heck sorgte dafür, daß man sich nicht den ganzen Tag damit beschäftigen mußte. Als politischer Mensch findet er, daß in den Nachrichten ruhig auch mal gute, positive Meldungen kommen dürften, und lenkt zusammen mit seiner Frau Ragnhild das Gespräch entschlossen auf den ungemein positiven Zoo, den sie um ihr badisches Anwesen eingerichtet haben: Schweine gibt es da und Esel, Gänse, Hunde, Pferde und was man halt so braucht für den täglichen Bedarf. Einmal rief Hans-Hermann Tiedge an, damals Chef der *Bild*-Zeitung. Weil Heck ihm aber nichts an seriösem Klatsch aus seinem Leben zu bieten hatte, machte Tiedge sich seine Schlagzeile gleich selber und meldete die Unpäßlichkeit von Hecks Schwein Otello auf der ersten Seite.

Der Schweinebesitzer in seinem kleinen Schloß in der Nähe Baden-Badens (bei schönem Wetter mit Blick über die Rheinebene aufs Straßburger Münster) wundert sich nicht wenig über diese Berühmtheit, erzählt aber gern die Geschichte von dem Taxifahrer, der zu ihm sagte: »Herr Heck, Sie erinnern mich immer an meinen Vater.« Und zwar deshalb, weil dieser Vater immer gedroht habe: »Den Heck darfst du noch sehen, dann mußt du ins Bett.« Der Heck, das war logisch wieder die Hitparade. Der Taxifahrer brachte sein ehemaliges Betthupferl zum WDR, wohin ihn die Moderatorin Bettina Böttiger eingeladen hatte. (Auch sie übrigens eine sehr geschätzte Kollegin.) Frau Böttiger habe ihn als »so was Ähnliches wie ›Show-Legende‹« eingeladen, aber Heck kommt nicht auf den Ehrentitel. »Urgestein?« bietet seine Frau an, aber das war es auch nicht. »Es war ein Wort«, überlegt er weiter, »es war nicht ›Kult‹, das wird ja überall erzählt«, ein Wort nur, aber er kommt und kommt nicht drauf, was er ist.

Das Gespräch wendet sich wieder dem zweiten Teil seiner Karriere zu. Im Dezember 1984 gab Heck auf eigenen Wunsch die Hitparade auf und nahm eine »360-Grad-Wende« vor, sagte nämlich von Stund an »Melodien für Millionen« an und führte dabei Menschen zueinander, die sich seit Jahren nicht mehr gesehen hatten. Es sei so

wichtig, »daß man für diese Menschen da ist«, man müsse »die Menschen lieben, wenn man diesen Beruf macht«. Er liebt die Menschen, sein Publikum, mit professioneller Hingabe.
Wenn der mittlerweile sechzigjährige Fernsehseelsorger unterwegs ist in Deutschland mit seinen diversen Melodien, wird er natürlich ständig erkannt. »Tach, Herr Heck«, sagen die Leute auf der Straße zu ihm. Er gibt den Menschen dann gern die Hand und unterhält sich ein wenig mit ihnen. Als er damals in der »Praxis Bülowbogen« als Saalbach auftreten konnte, war er doch froh, »aus diesem Schubkasten herausspringen« zu können. Daß er in seiner Rolle aber dem armen Günter Pfitzmann so zusetzte, haben seine Zuschauer, die Menschen, nicht verkraftet. Warum er das tun mußte? Und wo er doch sonst immer so nett ist?
Neuerdings reist ein schwuchteliger Goldlamé-Knabe als Dieter Thomas Kuhn natürlich mit deutschen Schlagern erfolgreich übers Land, und auch das findet das plagiierte Original eher nett. Guildo Horn? Der ist sogar ein Botschafter des humorfähigen Deutschlands. Aber die »Show-Legende« läßt ihm keine Ruhe. Was sagte sie gleich wieder über ihn, in Köln, beim WDR? »Sie sind, Sie sind ein ...?« Zum großen Teil seien das damals »nette, sympathische, fröhliche Menschen« gewesen, die Schlagersänger. Eine »ungeheuer schöne Zeit« habe er mit ihnen verbracht. Wer auftrat bei ihm, verkaufte nach der Sendung fünfzig- bis sechzigtausend Platten. Noch heute kann Heck die Namen einer Fünferjury hersagen, mit der er die Hitparade ausleitete, und das ist er wieder, der

prasselnde Ton, dieser Eifer für nichts und wieder nichts. »Ich stehe grundsätzlich zu dem, was ich mache.« Vielleicht macht grade das Dieter Thomas Heck zur Popfigur, diese teflonsichere Abwaschbarkeit. Beim Reden hat er nichts von der metallischen Härte, mit der er seine legendären Ansagen herunterratterte, nur wenn man ihn darauf aufmerksam macht, schnarrt er wie der Alte. Diesmal ist es nicht Schauspielerei, sondern der Beruf. Seine Professionalität will er als amerikanisch verstanden wissen, und danach ist es sowieso gleichgültig, ob einer Küchenmaschinen vorm Kaufhaus in der Fußgängerzone verkauft oder schlichtes Sangesgut, das allen wohl will und allenfalls den Diabetiker akut gefährdet. Der kleine Zettel, von dem er zum Schluß jedesmal ablas, machte ihn zum »Schnellsprecher«, ein Attribut, das er haßt. Er habe nie schnell gesprochen, sondern bloß »dynamisch«, wie er es während seiner klassischen Gesangsausbildung gelernt hatte. Wer kann das heute noch? Wenn er nicht um Namen gefragt wird, kritisiert er die Sprechkultur seiner Kollegen vor allem im Rundfunk streng. Nicht mehr die alte Schule. Keiner, der das mehr beherrschte. Damals in den Fünfzigern wollte er singen gehen (»Ich bin sogar ein guter Sänger«), aber dann lernte er sicherheitshalber technischer Kaufmann und pries Autos an: »Ich bin Hamburger, man muß ja auch rechnen können.« Vier Jahre war er bei Hugo Pfohe in Hamburg. »Ob ich gut war«, fragt er sich selber. »Ich war sicherlich nicht schlecht.« Deshalb bespöttelt man ihn immer als Gebrauchtwagenverkäufer, der zufällig deutsches Liedgut verscherbelt. Aber es ist doch ein Unterschied, einen

Autoverkäufer hätte Bettina Böttiger nicht ins Studio geholt, da mußte er schon »ein Dings« werden. Er kommt einfach nicht mehr drauf. Rassenunruhen, Staatsstreich und Hungersnot, die Hitparade kannte gegen alle Verzweiflungstaten dieser Welt nur die heilende Wirkung deutscher Schlager, und das reichte ihm auch. Etwas Warmes braucht der Mensch schließlich. Fast zwanzig Millionen Zuschauer hat er in seiner besten Zeit erreicht. Davon können andere heute nicht einmal mehr träumen. Einen kleineren Umsturz gab es doch, eigentlich fast eine Revolution, als Heck auf allgemeinen Wunsch vor der Kamera seine alte Brille gegen eine neue eintauschte.

»Das macht mich völlig verrückt«, schimpft er und geht ans Telefon und ruft seine Sekretärin an. Sie soll in Köln nachfragen, soll auskundschaften, was er jetzt eigentlich sei. Und da fällt es ihm endlich ein – »Mythos!« ruft er.

»Ja«, und er wiederholt es gleich noch mal, »ich bin ein Mythos!«

DIE FRISEURWELTMEISTER

Seit je und vergeblich grübelt die Menschheit über ewigen Rätseln: Warum ist die Banane krumm? Warum können Frauen nur immer paarweise aufs Klo? Und: Warum gibt es eigentlich die F.D.P.?

Eine behelfsmäßige Erklärung geht dahin, daß drei einsame Punkte sich etwas sinnlos vorkamen in der weiten, weiten Welt. Als sie schon völlig verzweifeln wollten an ihrer zufälligen Existenz, entdeckten sie die Freie Demokratische Partei Deutschlands und vereinigten sich mit ihr zur Weltformel: F-Punkt, D-Punkt, P-Punkt. Das war zwar noch immer nichts, sah aber irgendwie nach mehr aus. Punkt. Das ist pragmatisch, praktisch und gut, aber beantwortet noch nicht hinreichend die Frage nach der *raison d'être* dieser liebenswürdigen kleinen Angelegenheit.

Vielleicht hilft ein Blick zurück in die Geschichte: In den frühen siebziger Jahren, der Afri-Cola-Rausch war bereits abgeklungen, der Hüfthalter brachte einen nicht mehr um, und die Rosen für Willy Brandt verblühten schon heftig, erschien im Fernsehen ein offenbar französischer Herr mit dem wundersamen Namen Jacques Gallé. Er wurde mit Fanfarenstimme angekündigt als der amtierende »Friseurweltmeister« und schritt in dieser Eigenschaft eine leicht geschwungene Treppe herab

und unten in eine Kabine, die der immer weiterlärmenden Stimme zufolge das »Gard-Haarstudio« darstellte. Drin angekommen, legte Jacques Gallé geschäftsmäßig und sachkundig (weltmeisterlich!) letzte Hand an shampooniertes Haar und strahlte in glückliches Kundenaug. Für ebensolches Strahlen, dazu fülliges, splißfreies oder überhaupt besonders haariges Haar empfahl der Maître natürlich Gard. Nie wurde aufgeklärt, wie und wo Jacques Gallé seine einmalige Auszeichnung errungen hatte. Die Weltmeisterschaft wurde nie ausgeschrieben, es wurde auch nicht über weitere Teilnehmer, knappe Entscheidungen, irgendwelche Durchstechereien berichtet. Ein gewöhnlicher Friseur hätte einen Meisterbrief hinter dem Frisierstuhl hängen, vielleicht auch, wenn er ganz kühn sein wollte, selber das eine oder andere Wässerchen angerührt und als besonders wirkungsvolles *après coiffage* in einer Vitrine am Ausgang bereitgestellt, aber dieser Friseur war anders. Nicht unbedingt ein Künstler, dafür klang der Name zu främeschackemäßig, aber doch ein Könner auf seinem Gebiet, einer, der auf einem Turnier in der Bretagne vielleicht Pferden Pompadourlokken in ihre Schwänze gedreht hatte oder bei einem Showdown unter Aufsicht der Berufsgenossenschaft besonders rasant mit Wasserstoffperoxid bleichen konnte. Auf jeden Fall mußte er ein begabter Mann sein.
Jacques Gallé war nicht bloß der beste, er blieb auch der einzige Friseurweltmeister, den es je gab: stets korrekt frisiert, shampooniert, gefönt und mit jenem leise luxurierenden Touch, der mit mittelgroßem Ganoventum einhergeht. Heiratsschwindler in Klärchens Ballhaus kön-

nen das vielleicht, Hochzeitslader auf dem Lande und ähnlich zwielichtige Gestalten. Jacques Gallé war keine besonders schöne Erscheinung, aber ein Meister des kultivierten Auftritts: Die Treppe, das Studio, das Wühlen in fremden Frisuren; das sollte ihm mal einer nachmachen. Auch wenn er vielleicht nicht einmal ein richtiger Weltmeister, sondern nur ein Angestellter der Firma Gard war und für sie im Verkauf verschiedener Haarpflegemittel zuständig, machte er seine Sache immer gut. Für mehrere Jahre wurde er zum vertrauten Anblick im Fernsehen, ein bißchen lächerlich in seinem tiefen Ernst, aber unerläßlich und schließlich ein Teil der Inneneinrichtung.

Unter der Trockenhaube mit Gerhardt, Solms und Westerwelle

Aus dem Fernsehen ist Jacques Gallé schon seit Jahrzehnten verschwunden. An seine Stelle ist eine ganze Gruppe getreten, die F.D.P. Die F.D.P. (noch mal ein Rückruf in die Geschichte) ist in der Bundesrepublik einer ähnlich überflüssigen Tätigkeit wie der Friseurweltmeister nachgegangen. Zu beschreiben allenfalls in ihrer penetranten Unnützlichkeit, verbunden mit einer ebenso penetranten Dauerpräsenz, sorgte sie gelegentlich für gute Laune, meist aber für ein seltsames Unbehagen. Wo kam sie eigentlich her? Was machte sie hinter der Bühne, wenn das Haarstudio geschlossen hatte? Sollte man sich dieses kropfige Phänomen überhaupt weiter leisten?
Über lange Zeit gab sie sich Mühe, diese vollendete Un-

nützlichkeit einigermaßen ansprechend erscheinen zu lassen. Ein unerreichter Meister im Darstellen von Politik als völliger Leere war der erste Bundespräsident Theodor Heuss. Da er bereits eine lange Laufbahn im öffentlichen Leben hinter sich hatte, schied er 1949 redlich aus der aktiven Politik aus und repräsentierte auf seine letzten Tage und Jahre unter dem Vorwand, eigentlich sei er ein Schöngeist. Der Staatspensionär Heuss wirkte stets weisheitsumschloht, harmlos vor allem und wie aller Welt Großvater. Da mochte sich auch keiner mehr dran stoßen, daß der gütige Heuss nicht immer harmlos war, sondern mit sehr viel Tatkraft 1933 die Weimarer Republik hatte verscharren helfen. Im geordneten Durcheinander der fünfziger Jahre taucht bald Erich Mende auf. Unter seinem Regime erreicht die F.D.P. nicht nur die besten Wahlergebnisse, sondern zugleich die völlige Übereinstimmung von Form und Inhalt. Leicht bronzierten Angesichts, die Haare um dieses Angesicht allerliebst geschneckelt, repräsentierte Erich Mende als wiederum ehrlicher, also leicht gaunerhafter Makler von Partikularinteressen. Daß er nach seinem Ausscheiden aus der F.D.P.-Führung mit IOS-Schwindelaktien handelte und bei der ersten sich bietenden Gelegenheit von der F.D.P. in die CDU wechselte, konnte niemanden überraschen. Die F.D.P. hatte sich längst im Gard-Haarstudio eingemietet.

Auf Erich Mende folgte das Schlitzohr Walter Scheel, das einmal im Leben die richtige Entscheidung traf, die F.D.P. an die SPD heranführte, als Außenminister dann gräßlich scheiterte und sich auf das weit dekorativere

Amt des Bundespräsidenten und Postillons zurückzog. Im Windschatten seines Nachfolgers Genscher taucht dann der erste Politiker neuen Typs auf: Jürgen W. Möllemann, den auch nach zwanzigjährigen Umtrieben in Deutschland und im vereinigten arabischen Raum noch immer der zweifelhafte Charme der siebziger Jahre umfächelt. Das macht das wetterfeste Styling von Jacques Gallé.

Warum aber und zu welchem baldigen Ende gibt es nun die F.D.P.? In grauer Vorzeit, erzählt man sich, soll sie Mehrheiten beschafft, sogar die Ostpolitik durchgesetzt haben, aber etwas Gewisses weiß man nicht. Überlebende gibt es nicht, und wer doch dabei war, erinnert sich falsch. Auf jeden Fall reklamiert die Partei eine ungesicherte Herkunft aus dem 19. Jahrhundert, als die Freiheit noch nicht erkämpft war. Aus dem Umkreis der Burschenschaften, Turnvereine und Befreiungskriegler soll sie kommen, überhaupt gegen jede Autorität aufgetreten sein.

Der Kaiser hackt kein Holz mehr, Kirche und Staat sind leidlich getrennt, was bleibt da einer Partei, ihrer Feinde hoch und nieder beraubt, noch zu tun? Sie macht sich, bevor sie wieder in der Studiodekoration verschwindet, ein bißchen nützlich, ist gern behilflich bei Umschichtungen und Neubewertungen, legt mit Hand an, packt beherzt zu; Deutschland muß schließlich von einer Dienstleistungswüste in ein servicefreundliches Land verwandelt werden, in dem man Tag und Nacht einkaufen kann. Bei der F.D.P. ist schon jetzt alles zu haben. Wenn es verlangt wird, stimmt sie dem Asylkompromiß zu, und wenn die

CDU als weiteres Grundrecht die Unverletzlichkeit der Wohnung kassiert haben möchte, findet auch die Mehrheits-F.D.P., daß der Große Lauschangriff für klare Verhältnisse sorgen muß. Wenn es hart auf hart kommt, verteidigt die F.D.P. das Grundrecht auf Bewegungsfreiheit und verhindert den Einsatz von Parkkrallen gegen Gehsteigparker. Liberal sein heißt soviel wie: Freie Fahrt für das größere Auto.

Deshalb vertritt sie auch aufopferungsvoll und mit gewaltigem Getue und Gemache die Steuerbetrüger, Surfbrettdealer und wohl noch ein paar Zeitungsbesitzer, die um eine originelle Meinung verlegen sind. Die Partei der Besserverdienenden will sie schon deshalb sein, weil sie chronisch arm und auf Spenden hochmögender Liebhaber angewiesen ist. Mit nur leicht verblühtem Charme präsentiert sie sich als Mädchen für alle, vor allem für jene, die Angst um ihr in Luxemburg blickdicht verräumtes Sparvermögen haben. Versteht sich, daß die Partei, die eine ganze Legislaturperiode damit fristen konnte, die durch den Solidaritätszuschlag verursachten Steuern um fünfunddreißig Mark vierzig pro Jahr zu senken, sich im anschließenden Wahlkampf bloß noch als ReformPartei (nur echt mit der einst feministischen Binnenmajuskel) verkaufen kann.

ReformPartei: Derart kleinlaut und katzenfalsch aufzutreten, hatte die Partei früher einfach nicht nötig. Lang ist die Reihe der F.D.P.-Minister und -Abgeordneten, die sich ihr kärgliches Auskommen in Bonn mit ernstgemeinten Beraterverträgen für die richtig große Wirtschaft aufbesserten. Wenn der eine oder andere einmal wg. übertriebener Geldgier eins auf die Finger bekam, wurde selbst das als Gütesiegel begriffen. Den Strafbescheid durfte man unter Werbungskosten von der Steuer absetzen, denn eine bessere Reklame für die wirtschaftliche Kompetenz ließ sich gar nicht denken: Die Leute verstanden etwas vom Geld, die wußten sich zu bereichern, die waren wie wir. Solang sich der Wirtschaftsminister Hans Friderichs bloß an einer Autobahnraststätte im Adidas-Trainingsanzug und mitsamt der Familie an die Trimm-dich-Stange hängte, bemerkte keiner seine Kompetenz, obwohl er sich dabei fotografieren ließ. Erst als aufkam, daß er dem Geleitzug der Firma Flick bereitwillig beim Passieren der verschiedenen Vorschriften und der öffentlichen Steuergier behilflich war, erwarb sich der Mann einen Namen und wurde gleich in den Vorstand einer Bank berufen. Sein Komplize, der Graf Lambsdorff, mußte erst wegen Beihilfe zur Steuerhinterziehung verurteilt werden, ehe er sich als schlagfertiger und charmanter Gesprächspartner ins Fernsehen setzen durfte. Verglichen mit diesen selbstbewußten Liberalen tut sich die heutige Generation schwer. Sie gibt sich ja alle Mühe, aber irgendwie klappt es immer nicht. Ihr Schatzmeister Hermann Otto Solms steht in einer großen Tradition und wollte natürlich auch wirtschaftliche Kompetenz beweisen. Beinah unvermeidlich, daß er nach einem klassischen Verstoß gegen die Grundsätze des Wirtschaftsliberalismus mustergültig fallierte. Wie alle anderen Parteien wird auch die F.D.P. als aussterbende Berufsgruppe mit Hilfe von Binnenzöllen und volkswirtschaftlich unsinnigen Subventionen am Leben erhalten. Leider unterlief

Solms bei seinem Antrag für die Wahlkampfkostenerstattung ein kleiner Formfehler, mit dem er und vor allem seine Partei gut zehn Millionen vergeigten. Aber was soll der Geiz, den großen Verschwender liebt der Herr.

Wer in die F.D.P. eintritt, kann es in kürzester Zeit zum Außenminister und Parteivorsitzenden bringen, er muß nur hübsch frisiert sein. In der vorigen Generation genügte es, wie Hans-Dietrich Genscher immer da und weg zugleich zu sein oder einen auf -mann auslautenden Namen vorzuweisen (Bangemann, Haussmann, Möllemann). Auch dieses Triumvirat bemühte sich um die berühmte wirtschaftliche Kompetenz, stand aber im Zweifel immer beisammen wie die gewichtigen Herren bei der Jahreshauptversammlung der Raiffeisenbank in der Zigarettenpause. Heute geht man schon mehr mit der Zeit und hält sich einen angestellten Außenminister, der entfernt an Elvis in der Blaubeerkuchen-Ekstase erinnert.

Verwaltungstechnisch wird die F.D.P. von einer Troika geführt, die das ganze Jahr zum Dreikönigstreffen macht. Alle drei sind wohlgestalten Leibes, mühelos von allen Seiten zu fotografieren und so überflüssig wie die ganze Partei, die sie so unnachahmlich vertreten: der bereits erwähnte Schatzmeister, der so unvergleichlich mit Geld umzugehen weiß; ein Vorsitzender, der in seiner Eigenschaft als hessischer Politiker die Rechtschreibreform fördert, die er – in ihrer bereits abgeschwächten Form – in seiner Eigenschaft als Bundespolitiker natürlich aufs schärfste mißbilligen muß; und schließlich der Generalsekretär, der sowieso alles einen Skandal findet, wenn er ihm nicht sogleich ein Ende machen kann. Und dabei bemühen sie sich unermüdlich um liberales Profil: Der Vorsitzende Gerhardt glänzt bei jeder Gelegenheit vor sich hin, Generalsekretär Westerwelle kommt mit Hund und strahlt über alle Schmisse Optimismus aus, und der Schatzmeister schreibt heimlich Bettelbriefe an die Parteimitglieder. Zusammen ergeben sie ein feinabgestimmtes Gruppenbild, tragen aber wieder nichts zur Erklärung des Numinosen bei, das diese Partei seit Anbeginn umgibt.

Etwas näher an die Lösung des Welträtsels, welcher metaphysische Kern sich in dieser mafiotischen Konstellation verbirgt, führt möglicherweise eines der Interviews, die der F.D.P.-Generalsekretär Guido Westerwelle so gern verteilt. Westerwelle schwadroniert da wie gewohnt über »Leistungsbereitschaft«, »liberale Identität« und wie wichtig es sei, ein Programm anzubieten, »das interessant ist«. Es ist das übliche Kinkel-Gerhardt-Lambsdorff-Quargelmargel, wie es jede Zeitung gern druckt, weil es diesen authentischen Kukident-Charme hat und niemandem weh tut. Aber dann, aber dann: Westerwelle klappt doch tatsächlich unter diesem rückstandsfreien Staub sein Herz auf und entbirgt sich als – Hippie. Yeah! Vor zwanzig Jahren, sagt Westerwelle, hatte sogar Westerwelle lange Haare. Tatsache! »Ich hatte einen grünen Parka, habe meine Zigaretten selbst gedreht.« Wow! Wie alle Hippies hörte Westerwelle schlechte Musik, Cat Stevens und David Bowie und so Zeug, und er war ein Re-vo-lu-tionär, nämlich: »Unangepaßt. Individualistisch. Aufsässig.« Da sind sie wieder, die drei Punkte und das liberale Profil der F.D.P.: Unangepaßt wie Hans-Dietrich Genscher. Individualistisch wie Wolfgang Kubicki. Aufsässig wie Hefeteig.

Während andere im selbstgedrehten Parka vor Brokund Wackersdorf froren, war Westerwelle schon mit fünfzehn leistungsbereit wie heute und immerdar die ganze F.D.P.: Nichts zu sagen, aber das mit dem Lineal sauber in drei Punkte untergliedert.

So muß es gewesen, so werden die drei Punkte samt angeschlossener Partei in die Welt geraten sein: Mitten in dieser Welt entstand mit einem Mal ein besonders rebellischer Sog. Ein geysierhaftes Schmaddern und Schnauben erst nur, dann ploppte es schon, kleine Krater implodierten, schließlich bildete sich um das punktförmige Nichts ein regelrechtes Schwarzes Loch. Um dieses Schwerkraftfeld klumpte und schäumte die nachmals als *liberale* Energie bekannt gewordene, chronisch ungerichtete Masse. Die Welt hatte nicht auf die F.D.P. gewartet, aber da war sie halt auf einmal und mopste sich. Der Ruf nach ihr erwies sich als leicht überhörbar, niemand wollte sie, niemand brauchte sie, also strebte sie nach Nützlichkeit oder wurde wenigstens so lästig, daß man auf sie aufmerksam werden mußte. Irgendwie gelang es ihr immer wieder, mit aufs Bild oder ins Kabinett zu gelangen. Nur ein paar Jahre war sie nicht an der Regierung beteiligt, sonst saß sie immer dabei und zeigte sich wohlfrisiert. Keine andere Partei hat so hartnäckig in der Bundesrepublik regiert, keine andere hat so geringe Spuren ihres Wirkens hinterlassen. Am besten, sie rüstet eine Expedition aus und forscht nach dem Verbleib ihres Stammvaters Jacques Gallé. Punkt. Punkt. Punkt.

DIE BELEIDIGTE LEBERWURST

Einsam: Botho Strauß

Es ist ein eigen Ding um den Dichter: Zu Hause sitzt er den lieben langen Tag, träumt und schreibt und schreibt und träumt. Die Sonne geht unter, und die Sonne geht auf, und der Dichter träumt noch immer und schreibt immer weiter. Nur eins quält ihn. Die Welt draußen. Ob sie ihn auch wahrnimmt, ob sie überhaupt weiß von ihm und seinen Träumereien, von seinen Qualen beim Schreiben und seiner Schlaflosigkeit? In seinen Träumen ist der Dichter kein Dichter, sondern ein Herrscher. Als Herr der ganzen weiten Welt träumt er sich am liebsten und daß er für Ordnung sorgte, für Frieden oder jedenfalls dafür, daß seine Werke endlich gelesen würden. Nur herrscht er nicht über die Welt, sondern nur über einen kleinen Haushalt, und statt der Menschheit ist ihm allenfalls eine Ehefrau zu Willen. Wir müssen uns den Dichter als einen zutiefst unglücklichen Menschen vorstellen.

Wenn er doch könnte, wie er wollte! Aber er kann ja nicht, und er hat nichts gelernt, als zu träumen und seine Träume aufzuschreiben. In seinen Träumen aber rast er: »Ausbluten« soll die Gesellschaft, die »verbraucht« ist und »debil«, das große »Abräumen« malt er sich aus, um endlich, endlich »eine neue Stadt« zu schaffen.

Neulich hat er sich wieder furchtbar geärgert. Vor lauter Zorn schrieb er gleich ein Manifest, das er *Anschwellender Bocksgesang* betitelte, was zwar ziemlich kammstark klingt, aber, wie der vorabdruckende *Spiegel* seinen halbgebildeten Lesern freundlicherweise erklärte, nichts Schlimmeres sein soll als eine ziemlich wörtliche Übersetzung des griechischen Wortes τραγῳδία. Der Bocksgesang schwoll offenbar besonders heftig beim Fernsehen. Wohin der Dichter schnippte mit der Fernbedienung, überall nur Schrott im TV. Nun weiß zwar jeder, daß im TV (wenn nicht zufällig auf Phoenix die brutal auf dreieinhalb Stunden heruntergekürzte Aufzeichnung einer Schaubühneninszenierung von Botho Strauß' *Park* gezeigt wird) nur Schrott kommt, aber der Dichter wird da wieder zum Kind und findet alles, alles grauenhaft. Und wie der weiland Abraham a Santa Clara schleudert er sein Krafft-Doitsch hinab ins gemeine Volk, schickt Donnerkeile hinein in Talkshows und Redaktionen und Universitäten, zetert, zerbert und zürnt, als wäre er nicht bloß Gottes Stellvertreter auf Erden, sondern der vielbärtige Jupiter persönlich.
Nur daß er von so viel göttlicher Macht bloß schön träumen kann.
Noch aber ist nicht alles verloren. »Bei all ihrer Schlechtigkeit« meint es der Zerberer gut mit den Menschen. Sie sind ja so arm dran, die »Volkszugehörigen«, leiden unter »Demokratismus« und »Gewaltlosigkeit«, stöhnen unter der Knute »brutaler Affirmation«, ächzen unter der »Konvention des intellektuellen Protestantismus« und den, ach, »Gewalten des Blödsinns«. (Auf eins kann man sich

bei Botho Strauß verlassen: seine klinische Humorfreiheit.)
Und was fehlt? frägt der Dichter erhobenen Zeigefingers. Es fehlt uns keineswegs bloß ein neues Langemarck-Erlebnis, sondern gleich der »große Knall«, es bräuchte, schwillt es weiter, eine »Resurrektion des Führers«. Endlich ist es heraus: Unter Adolf hätte es Demokratismus und Gewaltlosigkeit nicht gegeben, geschweige denn so gottverlassene Sendungen wie »Ich bekenne« und »Verzeih mir«. Andererseits gab es beim Adolf praktisch kein Fernsehen.
Früher war sowieso alles besser: »Weder der einzelne noch die Menge unterhalten die geringste Verbindung zu Prinzipien der Entbehrung und des Dienstes oder zu anderen sogenannten preußischen Tugenden, die sich ein Hitler noch nutzbar machte.« Als der Haider Jörgi mit etwas weniger gewundenen Worten Hitlers Beschäftigungspolitik als vorbildlich pries, mußte er als Landeshauptmann von Kärnten zurücktreten. Von Botho Strauß wird im Ernst niemand den Rücktritt verlangen, bekleidet er doch kein öffentliches Amt und füllt allenfalls eine Stelle aus, die er für sich selber geschaffen hat: die der beleidigten Leberwurst.
Martin Heidegger hatte in seiner besten Zeit auch was davon und kam dann auf den blendenden Gedanken, einer wie er, nur einer wie er, könnte »den Führer führen«. In einem früheren Pamphlet, in dem sich die existentielle Kehre vom Theaterdichter und zwanghaft notierenden Flaneur zum Gesellschaftskritiker und Untergangspropheten bereits ankündigte, vergoß er schon einmal heiße

Zähren darüber, daß die Welt jetzt, da der Führer nicht mehr richtig führen kann, nicht wenigstens auf sein, auf Botho Straußens Kommando hören will. Die Lage hat sich seither verschärft (es »wird Krieg geben«), und der Prophet hat schon mal die Springerstiefel angezogen. Mit ihm marschiert, die Blutfahne hoch, die Reaktion. »Der Reaktionär«, hieß es 1990, ist gar keiner, »er schreitet im Gegenteil voran, wenn es darum geht, etwas Vergessenes wieder in Erinnerung zu bringen.« Der Prophet will damit keineswegs irgendwelcher nostalgischen Schwächen verdächtigt werden: Er hat den »psychopathischen Antifaschismus« gründlich satt. Nach den »Böhsen Onkelz« tritt also jetzt der gute Onkel Botho auf. Die Schokolade, die er herumreicht, ist zartbitter im Geschmack, aber schon etwas angegammelt. Auch wenn Botho Strauß fast wie in der legendären Werbekampagne für die Bundeswehr (»Ja: dienen!«) von »Entbehrung« und »Dienst« faselt, eine Induktionsspannung zwischen Hitler und den preußischen Tugenden herstellt und schließlich eine »Resurrektion des Führers« gar nicht so schlecht fände, ist er noch lang kein Faschist. Das wäre dann doch zuviel der Ehre.

Dennoch hat der Prophet längst ein kleines, feines Fähnlein Aufrechter um sich geschart. Die nach '68 in die Jahre gekommenen konservativen Revolutionäre bereuen den Vatermord von damals, haben aber nichts von ihrer Militanz eingebüßt, bekämpfen, wenn es sein muß, im Walkman den Untergang des Abendlands, und manchmal kann man sie dabei überraschen, wie sie verzweifelt an der Nachtglocke des *FAZ*-Feuilletons reißen.[1]

Fürs erste begnügte sich Botho Strauß damit, die rechtsradikalen Jugendlichen, »verwahrloste Kinder« sie alle, zu führen. Wie es sich für einen diplomierten Dichter-Seher-Priester gehört, weiß er ihnen schon zu helfen: Rassismus und Fremdenfeindlichkeit hatten »ursprünglich einen sakralen, ordnungsstiftenden Sinn«. Diese ebenso einfache wie überzeugende Sinnstiftung wird den nächstbesten Afrikaner und Türken aber freuen, wenn er aufgeklatscht wird. Der Prophet kommt dann gern vorbei und sprengt ihm mit dem Weihwasser die schönen Worte aufs Grab: »Die Wirklichkeit blutet wirklich jetzt.« Sturzbetrunkene Sätze wie dieser, geschöpft aus dem Blutbrunnen des heiligen Deutschland, haben den Dichter aber noch immer nicht mit der Wirklichkeit versöhnt.

1 Es ist immer wieder schön, die verlorenen Söhne am Ende bei der Heimkehr ins Vaterhaus zu beobachten. Botho Strauß half ihnen dabei, weil seine süße Melodei vom Untergang der Kultur durch das Fernsehen, aufs Innigste verknutscht mit seltsamen Paläologismen wie dem »Volkszugehörigen«, 1a-kompatibel war mit dem freischweifenden Unsinn einer neumodischen Denkrichtung.
Vielleicht ist es nur Spaß, dachte unsereins, vielleicht will sich da bloß einer wichtig machen. Aber Botho Strauß ist es blutiger Ernst mit seinem mystischen Geraune, und vor allem fand er sogleich Anhänger, die mit ihm schleichen wollten zu banger Schlacht.
Heimo Schwilk und Ulrich Schacht, Redakteure bei der *Welt am Sonntag*, hörten die Signale und deuteten sie gleich richtig. Sie wünschten sich den »Bocksgesang« als Präludium zu ihrem Band *Die selbstbewußte Nation*, ein wiederum eher krauses Sammelsurium rechtsgewirkter Geistesschwäche von Ernst Nolte bis Hans Jürgen Syberberg. Als Ehren-Mann durfte die Berufswitwe Brigitte Seebacher-Brandt mit ins Feld und bebend die Frage erheben: »Für welches deutsche Vaterland wurde die Judenheit vernichtet?« Ja genau, für welches eigentlich? Tiefe Fragen, deutsche Fragen.

Weit hinten in Tadschikistan werden wenigstens noch »Blutopfer« gebracht, aber hier? Nur die »Hypokrisie der öffentlichen Moral« sieht er am Werk und Wirken und das gleich in mannigfacher Gestalt: die »Verhöhnung des Eros, die Verhöhnung des Soldaten, die Verhöhnung von Kirche, Tradition und Autorität«. Pack mit einem Wort, »Spötter, Atheisten und frivole Insurgenten« überall. Da hat die liebe Wirklichkeit einiges zu bluten.

In der guten alten Zeit, wo der Führer noch über den Ausnahmezustand bestimmte, war alles ein bißchen einfacher. Der Feind heute steht nicht mehr links, auch nicht unbedingt rechts, sondern direkt vor der Nase: da, da im Fernseher. »Ich sehe«, sagt der Seher vom Kreuzberg herab (nicht etwa den Himmel offen und den Menschensohn zur Rechten Gottes, sondern:) »zwischen einem Schau-Gespräch und einem Schau-Prozeß nur graduelle Unterschiede in der Vorführung von Denunzierten.« Bei tiefergedachten Sätzen wie diesem werden die Herren Böhme und Biolek bestimmt sehr, sehr nachdenklich. Und die Hinterbliebenen der Verschwörer vom 20. Juli 1944 wird es freuen, auf die Weise zu erfahren, daß der Schauprozeß vor Roland Freislers Volksgerichtshof noch immer einen hübschen Kalauer abwirft.

Als echter Untergangsprophet macht uns Botho Strauß unentwegt den Spengler, raunt ergriffen von Massen und Eliten, von Niedergang und Verfall und daß viel zu wenig für Einzelgänger, i. e. so feine Kerle wie ihn, getan werde. Da rackert man sich ab wie nix, und kaum ein Schwein guckt. Da verweigert man sich seit bald zwanzig Jahren der Öffentlichkeit, läßt selbst seine Preise von anderen abholen, liest nicht vor Publikum, und dann merkt es keiner!!! Da zieht man sich in die Einsamkeit der Berliner Westbezirke zurück – und es interessiert niemanden. Die Leute interessieren sich doch nur für das Wort mit dem großen F vorn dran. Fernsehen wollen sie den ganzen langen Tag, Talkshows, Glücksrad, Gewinnspiele. Bloß lesen wollen sie nicht, schon gar nicht Botho Strauß. Profanum vulgus, einer wie der andere ein »deformierter, vergnügungslärmiger Landsmann«.

Er weiß es besser, weiß, wie jeder Machtlose, genau Bescheid über Politik und Verbrechen, aber es juckt doch keinen. So rettet er sich zuletzt ins alte Haus der Sprache und vergißt dabei, daß es vom Büttenpapier bis in die Bütt oft nur ein winziger Schritt ist. Gefährlich kokett raschelt es da, preziös spreizt sich die Meinung, und nebenher dürfen wir einen anderen Niedergang in der westlichen Welt bestaunen, den des großen Sprachmeisters Botho Strauß. Sein steifes, altfränkisches Professorendeutsch liest sich mittlerweile, als würde es Wilamowitz-Moellendorff live aus dem Altgriechischen übersetzen. Sein Widersacher Nietzsche hätte sich wahrscheinlich totgelacht darüber und wäre wenigstens nicht verrückt geworden.

Um Moses zu sein, der die Gesetzestafeln am Fuß des Berges zertrümmert, müßte sich Botho Strauß erst einen Bart wachsen lassen und Hörner dazu, damit sein *Anschwellender Bocksgesang* etwas anstößiger wirkte. So aber entbirgt sich sein Bromios (»der laute Schrecken«, B. S.) als Konsensschreiber, der alles beraunt, was seit Hans Sedlmayrs *Verlust der Mitte* (1948) und Hans Egon

Holthusens *Unbehaustem Menschen* (1951) der konservativen Kulturkritik hoch und heilig ist.[2]

Konservativ sein heißt, die Sprache um seiner selbst willen zu vergewaltigen. Zum Beispiel so: »Die Epoche der deutschen Nachkriegsliteratur wird erst vorüber sein, wenn allgemein offenbar wird, daß sie vierzig Jahre lang vom Jüngerschen Werk überragt wird.« Wer die getrüffelten Plattheiten, die Ernst Jünger jahrzehntelang in seinen Tagebüchern botanisiert hat, allen Ernstes dermaßen Reich-Ranicki-haft bejubelt, der ist entweder hochgradig delirant, oder, ja: er träumt. Der Dichter, der hier schon wieder so schön träumt, ist immer noch Botho Strauß. Ganz für sich hat er beschlossen, daß es mit der Verhöhnung wenigstens des ewigen Soldaten Jünger vorbei sein soll. Unsere Ehre heißt Treue, und so ist der spätgeworbene Schüler in den Stil-Dienst des steifleinenen Vorbilds getreten. Als Botho Strauß dann ein neues Buch fertig hat, es heißt *Die Fehler des Kopisten*, präsentiert es wieder einmal der *Spiegel* in einer einmaligen Sneak Preview. Der Dichter in eigener Person »komponierte einen Vorabdruck«, ein Sammelsurium von Belanglosigkeiten,

2 »Aber sehen Sie«, frug Botho Strauß, der leidenschaftlich gekränkte Dichter, den Redakteur von *Theater heute*, der ihn wegen seines Auftritts unter Schutz und Schild von Schacht und Schwilk zur Rede gestellt hatte, »aber sehen Sie, wie in Deutschland fortan ein intellektuelles Leben ohne Gefahr zu führen ist?« Sind so Fragen. Wo aber Gefahr ist, wächst das Geschwafel auch. So gefährlich ist das Straußsche Denken, daß nur ein Samisdat-Blättchen wie der *Spiegel*, der bekanntlich im Untergrund erscheint und von Hand zu Hand weitergereicht wird, Strauß' heilige Brocken, sei's ein Windhauch nur oder der Herr Bromios persönlich, zu drucken wagt.

wie sie nach Jünger nur der Wichtigkeitskasper Botho Strauß zustande bringt: der Kitsch seufzt (»Korngrün, maidunkel und fett«), die Apokalypse orgelt nonsenstrunken (»Die Zeit entfaltet nur noch dilatorische Wirkung«), und aus jedem zweiten Absatz faucht das Ressentiment.

Versteht man ja auch: Da kann er noch soviel zetern und zerbern, die Welt steht nicht still vor Scham. Das Leben geht weiter, und das Fernsehen bleibt so blöd wie immer, obwohl es Botho Strauß vor Jahren schon in die Reichsacht getan hat. Der Dichter haßt die Berliner Architektur in Grund und Boden, aber sie ist trotzig und fällt nicht in sich zusammen; er haßt das Fernsehen und muß sich wie ein Getriebener durch die Talkshows zappen; und er, ausgerechnet er, der die Eltern mit ihren verzogenen Schrazen haßt, muß sein Kind einschulen und einer Gesellschaft ausliefern, der er den raschen Untergang wünscht. Als ihm auch noch ein Immobilienmakler vor schwärmt, der eigene, der Maklersohn, werde wohl irgendwann fliegen können, ist der Dichter nicht etwa gerührt, sondern weist den stolzen Vater mit einer lateinischen Platitüde zurecht. Es ist zum Verrücktwerden. *Natura saltans.* Doch der Dichter wird nicht verrückt, sondern Kulturkritiker.

Das alles wäre für den *Spiegel* nicht der Rede wert, könnte er nicht intimste Details aus dem Dichter-Haushalt melden: Botho Strauß hat neuerdings ein Kind, außerdem ein dazu passendes Haus in der Uckermark und lagert sich zum Lesen strumpfsockig auf ein Ikeasofa. Der Dichter geht seiner anstrengenden Arbeit in skandinavophilen Interieurs nach. Bilder wie diese mußten wir bislang schmerzhaft vermissen. Der Fotoroman von Stefan Moses im *Spiegel* gibt noch mehr preis: Wenn sich Botho Strauß erhebt von seinem poetischen Lager, streift er gramzerfurcht durch Ostberlin, sitzt mißmutig beim Cappuccino oder schaut seinem treuen Ministranten vom *Spiegel* tief in die Augen.

Gut zwanzig Jahre ist es her, da geriet Karin Struck durch einen unglücklichen Zufall in die Literatur und ist seither dazu verdammt, Literatur zu erleben. Den Dienst am Kunden trieb sie schließlich so weit, daß der alles über Affären und Abtreibungen, über Führerschein und Zahnbehandlung erfuhr. Inzwischen hat, mit freundlicher Unterstützung der Immobilien-Fachzeitschrift *Der Spiegel*, der Dichter Botho Strauß Karin Strucks Rolle im deutschen Literaturbetrieb übernommen. Der angeblich »scheue und zurückgezogen lebende Autor« ließ sich und sein »Anwesen« in der Uckermark im Cinemascope-Format aufnehmen und plaudert unter der leicht pädophilen Überschrift »Wenn der Vater mit dem Sohne« vor knapp sechs Millionen Lesern über sein neues Glück.

Haus gekauft, Sohn gezeugt, Buch geschrieben: Für jeden andern wäre das eine eher intime oder allenfalls steuerrechtliche Angelegenheit. Nicht für Botho Strauß, den eitelsten Schriftsteller der Gegenwart. Als vifer Medien-*user* weiß er, daß auch der frömmste Anachoret keiner ist, solange er seine Einsiedelei nicht ins allgemeine Bild gerückt hat. Das ist der Dichter auf der Höhe der Zeit. Er sollte nur nicht gleich die ganze Welt dafür haftbar machen, wenn er chronisch schlecht aufgelegt ist. In den alten Zeiten, wo das Wünschen und auch das Toben noch geholfen hat, empfahl man dem Melancholiker gern, sich ein wenig Motion zu machen. Halb und halb hält sich der Dichter schon an dieses Rezept: Auf dem Abschlußbild, von der Gattin feinfühlig fotografiert, verschwindet Botho Strauß samt Sohn im Uckermärkischen. »Die Sonne wandert, die Seele wandert, die Jahreszeiten wechseln, das Kind wächst, und mein Hals wird faltig.«

NACHRICHTEN AUS EINER BESSEREN WELT

Liebe, verkündete einst der heute etwas in Vergessenheit geratene Philosoph Johannes Mario Simmel, Liebe ist nur ein Wort. Ein schmutziges Wort, wie der große Minnesänger Bob Dylan ergänzend befand, aber sagenhaft Karriere gemacht hat es trotzdem. Die Beatles durften 1967 ihre mickrige Botschaft »All you need is love« weltweit verstrahlen, und gab es damals nicht auch mal einen Film/Roman namens »Love Story«, in dem Liebe hieß, niemals um Verzeihung bitten zu müssen? Liebe ist es, was unsere Welt dringender braucht als Sechskornbrot. Grau nämlich ist diese Welt, kalt und oft genug hartherzig und gemein, ja, sprechen wir es nur offen aus: zynisch. Ohne das Pastorenpaar Antje und Friedrich Schorlemmer-Vollmer wüßten wir manchmal gar nicht, wie kalt sie sein kann, die Welt.

Selbst die Weltdepressionshauptstadt Berlin, wo man jahrhundertelang lieber Krieg machte als Liebe, leistet sich heute eine »Love Parade«. Bei der Gelegenheit schluckt eine Million unglücklicher junger Menschen wie geisteskrank Ecstasy-Pillen und tanzt sich um Sinn und Restverstand. Eine Million davon glücklicher und leidenschaftlich bedröhnter Raver hoppelt durch Berlin, die Bässe wummern, der ideelle Gesamt-Berliner steht am Straßenrand und fotografiert wie verrückt diese Ver-

rückten. Das Verlangen nach einer besseren Welt hat weiteste Kreise der Bevölkerung erfaßt, und als amtlich approbiertes Ertüchtigungsritual ist sogar die Love Parade eine staatstragende Veranstaltung geworden. Die Raver finden mittlerweile hochmögende Gönner. Nicht bloß Innensenator Schönbohm und Bürgermeister Diepgen sind dafür, auch der Staatsoberhäuptling. Ravermäßig plapperte Roman Herzog schon die längste Zeit in seinem beliebten Schwalldeutsch über alles und nichts und befand in einer nachmalig legendären Rede, daß endlich ein Ruck durch diesen Standort gehen müsse. Der Pressesprecher der planetcom, eines Mitveranstalters der Love Parade, sah sich plötzlich von Roman Herzog bis auf den Grund verstanden: »Er hätte bei uns abschreiben können, wir sagen auch nichts anderes als er.«
Kaum waren vier Wochen vergangen, dankten in einer Anzeige in der *Frankfurter Allgemeinen* (dahinter steckt immer ein kluger Biber) »alle 15.000 Mitarbeiterinnen und Mitarbeiter der OBI-Organisation in Deutschland« dem Bundespräsidenten für »klare Worte, die (be)treffen«. Ein Ruck geht seither durch die Baumärkte und Getränkeabholcenter, und schließlich hat die Volksbewegung auch die Raver erfaßt, die sich ruckend und zuckend fortbewegen und dabei einen Haufen Unsinn lallen.
Sie wollen den Sonnenschein in ihr Herz hineinlassen, und wer sind wir, daß wir bei dieser Sehnsucht nach einer besseren Welt abseits stehen dürften? Daß es eine bessere gibt, in der nicht der Sozialneid regiert und der kontraproduktive Haß auf Regierung und Industrie, daß

sie sogar direkt vor unseren Augen liegt, diese Information vermittelt uns selbstlos und jede Woche neu eine in München ansässige Gruppe von Philanthropisten, die Hugenzwerge. Ohne sie müßten wir uns weiter um einen Platz im Jenseits sorgen, mit ihrem Segen aber dürfen wir schon auf Erden glücklich werden.

Ein Mann, zwei Finger, ein Tagebuch: Helmut Markwort

Nur Neider würden ihn als formvollendete Null bezeichnen, denn er ist ein Profi. Praktisch sein ganzes Leben lang hat er die Programmzeitschrift *Gong* betreut, bis er sich eines Tages von einem großen Verleger, der eigentlich Künstler ist, überreden ließ, ein modernes Nachrichtenmagazin zu entwerfen und anschließend zu leiten. »Das Blatt«, erklärte der Verleger seinem künftigen Chefredakteur, »soll für die Viertelgebildeten bestimmt sein, das heißt für jene große neue Generation, die die heutigen Schulen hervorbringen, für jene jungen Männer und Frauen, die wohl lesen können, aber zu jeder länger anhaltenden Aufmerksamkeit unfähig sind. Leute dieser Art«, fährt der Verleger in seiner Analyse der Zielgruppe fort, »brauchen eine Beschäftigung in der Eisenbahn, im Omnibus oder in der Trambahn. Sie wollen das leichteste, luftigste Geplauder – ein bißchen Erzählung, ein bißchen Beschreibung, ein bißchen Skandal, ein bißchen Spaß, ein bißchen Statistik, ein bißchen Narretei. Alles muß kurz sein, höchstens zwei Zoll lang«, kurz und auf

den Punkt, denn »ihre Aufmerksamkeit läßt sich nicht länger als zwei Zoll fesseln«. Zwei Zoll, das sind ungefähr fünf Zentimeter Spaltenlänge. »Geplauder ist für sie noch zu solid, sie wollen Schnickschnack.«
Und Schnickschnack sollte auch das neue Magazin genannt werden, das der Verleger in George Gissings Roman *Zeilengeld* (1891) den Viertelgebildeten vorsetzen wollte. Die heißen hundert Jahre später »Info-Elite«, und ihr Medium ist *Focus*. Verleger und Chefredakteur wollen damit möglichst viele erreichen, vor allem Leute, die viel verdienen, eine gewisse Ausbildung genossen haben und ansonsten durchs Fernsehen sozialisiert sind; eben die Info-Elite. Bis vor kurzem mußte diese Elite darben, wurde mit den bestehenden Zeitungen und Zeitschriften überfordert oder schnöde übergangen, irrte unverstanden durch die Welt, in der nichts war wie das Fernsehen. Diese Not hat jetzt ein Ende, die Info-Elite endlich eine Heimat gefunden.
Der Verleger heißt Hubert Burda, sein Chefredakteur ist Helmut Markwort. Burda wurde vor Jahr und Tag mit einer kunsthistorischen Arbeit promoviert, und wenn ihn seine Geschäfte mit Rupert Murdoch nicht zu sehr beanspruchen, widmet er sich immer wieder den schönsten Künsten oder hängt mit abgöttischer Verehrung an Peter Handke. Davor hat der lb. Herrgott aber das harte Tagwerk und den Gelderwerb gesetzt. Unvergessen ist Burdas kurzfristiger Auftritt in Neufünfland, wo er die mit den Jahren lasch gewordene *Bild*-Zeitung eine ganze Zeitlang mit *Super!* und wunderschönen Schlagzeilen toppte: »Wessi mit Bierflasche erschlagen – Ganz Bernau

jubelt«. Gelegentlich erwirbt Burda eine Fluggesellschaft oder ein neues Druckhaus, gründet eine weitere Zeitschrift oder einen Online-Service, denn die Zukunft liegt auch für ihn in den neuesten Medien. Das entbindet ihn aber noch lange nicht von seinem Pflichtgefühl, die Nutzer seiner altmodischen Medien mit einem Mundvorrat an Optimismus zu versorgen. Die Zeitschrift *Bunte*, eigentlich ein Erbstück noch von seinem Vater und durch viele Formen geschritten, verleiht einmal im Jahr Bambis an die Großen und Wichtigen vor allem aus der deutschen Welt. Als intellektueller Mensch sorgt sich Burda um die Seelenlage seiner Nation und dafür, daß sie mit unaufwendigem und im Zweifel konservativem Gedankengut proviantiert wird. Doch er übertreibt es nicht und scheint sein Leben säuberlich eingerichtet zu haben: Tagsüber wird Geld verdient, und abends und im Urlaub umgibt er sich renaissancefürstenhaft mit Künstlern, die er serenissime freihalten kann. So hat er wenigstens zu Hause die bessere Welt.

Das vollendete Programm für die schönere Welt ist Hubert Burda aber erst mit der Gründung von *Focus* gelungen. Die reine Kunst findet sich dort nur dann, wenn sie das Layout nicht allzu sehr stört. Die uneigentliche Rede ist streng verboten, wer ironisch wird, fliegt raus, und wer auf seinen zwei Zoll mehr unterbringen will als »Fakten! Fakten! Fakten!«, gehört schon zum Klassenfeind. Der Leser darf auf keinen Fall überfordert werden, das könnte seine bescheidene Intelligenz beleidigen, und dann würde er *Focus* womöglich nicht mehr so liebhaben. Es lohnt sich aber nicht, lang und breit darüber

Klage zu führen, daß die Artikel so schlecht bis gar nicht geschrieben sind; schließlich wurde *Focus* für Leute entwickelt, die nicht lesen können. Der Analphabet, das wissen wir aus einfühlsamen Reportagen, lebt mit hoher Dunkelziffer, aber ansonsten mitten unter uns und immer in der Angst vor sozialer Stigmatisierung. Immer fürchtet er die Entdeckung, rettet sich, wenn Gefahr droht, in lächerliche Ausreden, daß er leider wieder seine Brille vergessen habe und ob man ihm nicht vielleicht behilflich sein könne. Die Angst ist inzwischen gebannt, bei *Focus* ist es mit dieser schändlichen Ausgrenzung einer Minderheit vorbei. Zahlen, Daten, Grafiken und vor allem viele, viele bunte Farben ersetzen dem bedauernswerten Behinderten den Blindenhund.

Der Chefredakteur träumt von einem neuen Berufsbild im Journalismus, dem »Visualisierer«, der das noch verstärkt, was *Focus* erfolgreich betreibt, den Gute-Laune-Journalismus, die Entpolitisierung der Politik. Ganz ohne Politik geht es dann leider doch nicht, die gegenwärtig praktizierte ist nämlich »unbeweglich«, »reformfeindlich«, kurz: »sozialdemokratisch«. Ohne sie würde auch die *Focus*-Elite besser fahren, »deren Steuer«, man denke nur, »auf Mark und Pfennig an jedem Letzten einbehalten« wird. Da wird es höchste Zeit, der »Jagd auf Besserverdiener« Einhalt zu gebieten.

Der Chefredakteur ist nebenher noch Mitglied der F.D.P. und hat in München mit nicht furchtbar viel Erfolg für den Stadtrat kandidiert. Damals konnte er noch nicht richtig vermitteln, daß er der Anwalt einer Minderheit zwar, aber doch einer gesellschaftlich entscheidenden

Kraft ist. Jener Leute nämlich, die neuerdings zu Geld gekommen sind und es bloß nicht mehr hergeben wollen. *Focus* macht gern den Ombudsmann für sie, hilft aus mit Steuertips und Anlageberatung, Kundendienst für den Kleinanleger.

Schon als vertrauensbildende Maßnahme tritt der Chefredakteur vorne in seinem *Focus* als eine Art ständiger Mitarbeiter des Monats in Erscheinung. Während er in seinen *Focus*-Werbefilmen am Sonntagabend das Redaktionsleben ganz schnell auf den Punkt bringt, blitzrasch am Bildschirm layouten läßt und lauter Turbo-Schreiber beschäftigt, schreibt er als einziger mit der Hand, mit zwei Fingern nur haut er sein Tagebuch in die einzige Schreibmaschine der Redaktion. So modern ist diese Redaktion, daß sie nur noch moderner werden konnte. Eines Tages fanden die Redakteure deshalb einen Taschenrechner als Geschenk ihres Chefs vor. Erst nach mehr als einem Jahr aufopferungsvoller *Focus*-Arbeit erinnerte sich der Chefredakteur an alte Zeiten und schenkte nun jedem Mitarbeiter eine Stilkunde des Deutschmeisters Wolf Schneider. Kann ja sein, daß es irgendwann nützt.

In seinem »Tagebuch« trifft der Chefredakteur neben den Mächtigen dieser Welt vornehmlich die bereits erwähnte Info-Elite. Sie schickt ihm zustimmende Faxe oder sitzt neben ihm (soviel Fortschritt muß schon sein seit der Gissingschen Trambahn) im Flugzeug und liest den *Focus*. Der Chefredakteur kann dann den anderen Lesern aus der Info-Elite in der nächsten Woche berichten, wie lange der analphabetische Blick des Mitreisenden auf den luftigen Grafiken verweilte. Wenn der *Focus*-

Reporter nach Mailand fliegt, sitzen mit Sicherheit Regionalgrößen wie George Bush im selben Flugzeug. Wenn »das Handy des Politikers neben mir klingelt«, hat Kohl was Wichtiges mitzuteilen. Die Festung *Focus*, in der man sich sonst eng aneinandergedrängt vor Ausländern und Linken fürchtet, ist nämlich eine einzige große Familie, in der ständig das Handy klingelt und sich alle ganz schrecklich liebhaben.

Nur wenn es gegen die ganz Großen geht und der Fall eindeutig liegt, darf vorsichtig Kritik am Anzeigenkunden geäußert werden. Als ein Gauner der Deutschen Bank einen Milliardenkredit nach dem anderen abluchste, nannte ihn das Kampfblatt der stets wohlinformierten Kleinanleger den »Frankfurter Felix Krull«, seinen und den Fall der Bank aber etwas arg frackmäßig »eine deutsche Tragödie«.

Der moderne Journalismus, dem der *Spiegel* keineswegs abhold, *Focus* und sein Chefredakteur aber ausschließlich zugetan sind, übt sich an einer fortgeschriebenen Form der Feuerwehrfestberichterstattung. Nichts ist offenbar schöner, als mit am Tisch der Honoratioren sitzen zu dürfen. Von da oben sieht die Welt ganz anders, vor allem nicht so negativ aus. Und wer erst einmal entspannt in die bessere Welt blickt, der fährt auch die Anzeigen ein.

Zum Dank für erwiesenes Wohlverhalten und auf weitere gute Zusammenarbeit wird der Chefredakteur zusammen mit seinen Brüdern von *Stern* und *Spiegel* zur Tour de France eingeladen. Das Chef-Tagebuch ist dabei, als der Chefredakteur wieder einmal zeigt, was moderner Journalismus leisten kann. »Spannend: Ich kann eine Etappe im Begleitauto mitfahren.« Die Telekom lädt ein, weitere freundliche Berichterstattung ist da Ehrensache. »Am Steuer: Rudy Pevenage, zweiter Chef des Telekom-Teams ... Die anderen Fahrzeuge machen Platz, obwohl gar kein Platz ist. Keine Rücksicht auf Rückspiegel.« Ja, wer da mitfahren könnte! Erik Zabel tut sich schwer. »Rudy, der auch kein Berggeist war, fährt stumm und mitleidend nebenher. Zabel will gar nichts zu trinken. Nur den Freund im Auto, ein Getränk für die Seele.« Ur-Sätze, prometheisch in die Maschine geschmiedet, wenn auch bloß mit zwei Fingern.

Dem Chefredakteur ist freilich auch jene bessere Welt, die er jede Woche in den schönsten Farben ausmalen läßt, noch nicht gut genug. »Neidvoll blicken die neuen deutschen Parteien nach Italien, wo dem Medienbesitzer Silvio Berlusconi eine perfekte Selbstinszenierung in seinen eigenen Medien gelang«, seufzt der F.D.P.-geprüfte Chefredakteur in seinem Chef-Tagebuch. »Bei uns dürfen neue Parteien vor Wahlen nicht einmal an den Katzentisch.« Da ist man selber Medienbesitzer, hat eine erfolgreiche Zeitung, dazu die Info-Elite in der Hand und zudem das Ohr des Kanzlers, aber noch immer nichts zu sagen. Eine deutsche Tragödie.

Gelegentlich geht ein Ruck selbst durch *Focus*, dann fällt dem Chefredakteur mehr ein als die »100 besten Ärzte« oder die »100 besten Anwälte«, dann kreiert er etwas völlig Neues, das es seit dem römischen Janustempel nicht mehr gab: ein (nur echt mit weißer Friedenstaube, den Olivenzweig im Schnabel) »Welt-Friedens-Index«. Das ist ein Krisenbarometer, einmal im Monat und sehr, sehr bunt gedruckt, das in vierstelliger Höhe den Friedens- oder Kriegsfall anzeigt. Zwischen Frieden (0 Punkte) und »weltweiter Krieg« (10.000 Punkte) wurde in der ersten Ausgabe der Index bei 5749 festgelegt. Nur die Zeugen Jehovas mit ihrem allfälligen Weltuntergang nächstes Jahr am 30. Februar um 16 Uhr 34 Greenwich Time oder so ähnlich sind da noch präziser. Wenn die Welt bei soviel guten Nachrichten nicht besser wird, hat sie es nicht verdient und soll endlich untergehen. Der Welt-Friedens-Index wird es getreulich melden.

Der Mann, der herrschen wollte: Leo Kirch

Manchmal legt einem ein älterer Kollege vertraulich die Hand auf die Schulter und schwärmt von der guten alten Zeit, als der Journalismus noch groß und wunderbar war. Und wenn er so richtig wegtrippt in die Nostalgie, wedelt er vielleicht mit einem Taschenbuch, st 1143, blau, von 1984 und lang schon verramscht, Michael Schwarze steht vorn drauf und ein Märchen: *Weihnachten ohne Fernsehen*. Am Tag vor Heiligabend 1977, als sich nach Mescalero, Ponto und Schleyer, nach Sympathisantenhetze und dem Sand in den Schuhen von Andreas Baader schon wieder ein bißchen Ruhe übers Land gesenkt hatte, malte *FAZ*-Redakteur Schwarze die Apokalypse an die Wand: In einer strenggeheimen Konferenz hätten sich die Anstalten darauf verständigt, an den Feiertagen nichts zu senden, drei Tage lang: nichts.

Angeblich brach damals ein ziemlicher Sturm los, das deutsche Volk stand auf gegen eine solche Zumutung, und natürlich beeilte man sich, zeitungsseits zu versichern, daß es sich nur um eine Satire gehandelt habe, nicht so ernst gemeint, Leute! Aber redeten wir andererseits nicht viel zuwenig miteinander? Sollten wir nicht öfter auf den Aus-Knopf drücken (Fernbedienung gab's damals noch nicht), ein gutes Buch in die Hand nehmen, Weihnachtsgeschenke basteln und dem halbwüchsigen Sohn eins hinter die Löffel geben, wenn er maulte?
Man wurde sehr, sehr nachdenklich im alten Deutschland damals. Der Herr Bundeskanzler, der sonst auch gern mal den Popper raushängen ließ, empfahl seinen Unterthanen dringend, wenigstens einmal die Woche den Fernseher kalt zu lassen, ein gutes Buch zu basteln, den ungebärdigen Sohn in die Hand zu nehmen etc.
Es muß eine schöne Zeit gewesen sein, als man noch wie Michael Schwarze so abfällig von der »Kiste aus Glas und Holz« sprechen konnte, um die man aber wie in einer Selbsthilfegruppe der Anonymen Alkoholiker herumsaß. »Wir haben uns daran gewöhnt«, laienpredigte Schwarze damals, »daß die Grenzen zwischen Sein und Schein, zwischen Kunstwelt und Wirklichkeit fließend geworden sind, daß wir Erfahrungen überwiegend nicht mehr machen, sondern zugerichtet geliefert bekommen, daß« – und jetzt kommt's – »eine Röhre unser Bild von der Welt formt«. Eine Röhre, meine Fresse! Früher, ja früher waren nicht bloß die Lohnnebenkosten niedriger, da gab man sich nicht mit dem Röhren-Gleichnis zufrieden, sondern machte alle Erfahrungen selber, zog bang durchs

wilde Kurdistan oder tauchte gleich selber hinab auf 2316 Meter unter NN, um irgendwelche versunkenen schwarzen Schachteln heraufzuholen.

Um so poetische Gegensätze wie Schein/Sein oder Kunstwelt/Wirklichkeit schert sich heute keiner mehr. Vor nun auch schon wieder zehn Jahren hat Hans Magnus Enzensberger das Fernsehen streng als »Nullmedium« getadelt, doch auch von diesem Schlag hat es sich rasch wieder erholt und blubbert weiter vor sich hin. Etwas übersichtlicher inszeniert als in der Wirklichkeit, verbreitet es doch nur, was sich auch vor der Glotze abspielt, und wer dran glaubt, wird nicht einmal selig. Niemand interessiert sich mehr fürs Fernsehen, es will einfach nicht mehr weggehen, es ist da, na gut. Bayrische oder niedersächsische Landfrauen tun sich noch manchmal zusammen, wenn es doch einmal zu nackicht zuging oder der Klassiker Klerikalenlästerung gegeben wurde, aber sonst? Widerstand gegen die allfällige Versumpfung regt sich dann beim Fernsehen selber; die Machthaber zweifeln gelegentlich ganz heftig an ihrem feilen Tun. Nehmen wir nur den Herrn Kirch.

Viele halten Leo Kirch für einen üblen Schurken, schon weil er mit Helmut Kohl befreundet ist. Der Kanzler war ihm auch immer gern zu Diensten, interpellierte bereitwillig in Brüssel, wenn die Kartellaufsicht Kirchs Ausbreitungswahn eindämmen wollte, weil eine stärkere Kontrolle nämlich zu »massiven Eingriffen in die gewachsene Medienstruktur« führen würde. Die »gewachsene Struktur« hat mit Kirchs zäh erarbeiteter Vorherrschaft bei Springer und SAT 1 zu tun und mit dem Spiel um noch mehr Macht, das Kirch seit Jahren regelmäßig an den Rand des Ruins treibt. Kirchs Ehrgeiz geht dahin, das Fernsehen neu zu erfinden und möglichst viele Zuschauer mit einem Decoder auszurüsten, der ihnen den unverschlüsselten Empfang von Qualitätssendungen ermöglicht, gegen besondere Bezahlung natürlich. Die Geräte dafür hat er längst bestellt, aber bisher nicht die erforderlichen Abonnenten gefunden. Wenn ihm jetzt nicht kartellrechtswidrig Bertelsmann hilft, droht wieder ein Bankrott. In geduldiger Arbeit hat er seit den fünfziger Jahren Tausende von Filmen zusammengetragen, in Hollywood immer wieder nachgekauft, überspielt, kartiert, gehortet. Die Filme verkaufte er dann ans Fernsehen, an ARD und ZDF zuerst, später an die Privatsender. Offen oder über Mittelsmänner hat er sich bei diesen beteiligt, schließlich auch bei der einflußreichsten Presse, damit wirklich alles aus einer Hand komme: die Filme, die Sender und die redaktionelle Werbung.

Leo Kirch ist aber nicht den ganzen Tag Machtmensch, sondern offenbart überraschende Schwächen. Allem Vernehmen nach liebt er die Filme, die er in seinen Kellern stapelt. Er besitzt die Weltrechte an Hal Roach und damit an einem größeren Teil der amerikanischen Stummfilme. Er kann sie nur nicht mehr sehen, denn Leo Kirch ist mittlerweile fast völlig erblindet.

Der Herr Kirch läßt seiner freilich nicht spotten. Herr Kirch spricht bereits das Machtwort bei SAT 1, Pro Sieben, beim Kabel 1, beim Sportfernsehen, er hat sich zusammen mit seinem Sohn bei Springer eingekauft, weshalb *Bild* und *Welt* und *HÖRZU* die Kirch-Programme mit geradezu äffischer Liebe betrachten, dennoch ist Herr Kirch nicht glücklich. Seit geraumer Zeit plagt ihn ein ganz neues Sendungsbewußtsein, es geht um das, wie es Herr Kirch selber formuliert, »größte und ehrgeizigste TV-Projekt aller Zeiten«. Alle Zeiten, das sind, die Braunsche Röhre und andere Prototypen abgerechnet, Stücker fünfzig Jahre. Doch Herrns Kirchs Phantasie schwärmt viel weiter aus, fliegt schwerelos durch Zeit und Raum und fängt nochmal ganz von vorne an. Nicht beim Decoder, o nein! Vielmehr möchte er sein wie Jesus und hinausgehen unter alle Völker und den Heiden das Wort Gottes in Farbe und vielen Fortsetzungen verkünden. In 21 epischen Kapiteln, »ganz dicht dran am Konfliktpotential der Bibel« (wie Heinrich Krauss souffliert, früher Jesuit und heute der angestellte *pater scholasticus* beim apostolischen Stuhle zu Unterföhring), soll die ganze Geschichte noch einmal von Adam und Eva an erzählt werden, die Schöpfungsepisode vorgeschaltet: der Auszug aus Ägypten; die Geschichte vom brennenden Dornbusch als dramatische Glanzlichter; ein postfreudianisch gelifteter Vater-Sohn-Konflikt zwischen König David und dem langhaarigen Absalom; oder, auch nicht schlecht, eine frühneuzeitliche U-Boot-Fahrt des jämmerlichen Propheten Jona im finstren Bauch des Wals, bei der Captain Ahab wie Käpt'n Lothar-Günther Buchheim vor Neid erblassen müßten.

Fünfzehn Jahre hat der Winzersohn Kirch im Weinberg des Herrn auf die (wie der Pressetext jubiliert) »Geschichten von Freundschaft und Liebe, Großmut und Demut, von Macht und Gier, zerstörerischer Leidenschaft« hin-

gearbeitet. Das edle Werk ist so gut wie vollendet, aber lang war der Weg, steinig und voller Mühsal. Heute sitzt Kirch bequem zur Rechten des Bundeskanzlers, kooperiert mit dem Tycoon Murdoch und dem Cavaliere Berlusconi oder auch mit Ettore Bernabei, einem ehemaligen Parteijournalisten der Democrazia Cristiana. Die Signori haben gut zweihundert Millionen Dollar in ihr Opus Dei investiert. Die Missionsarbeit läuft auf ziemlichen Touren. Auf einem Symposium in Washington wurde die theologische Feinabstimmung zwischen den verschiedenen Glaubensgemeinschaften vorgenommen, denn auch der aufgeklärte Muselmann soll erfahren, daß die Bibel doch recht hat. In Italien, wo als Kostprobe ein »Joseph«-Doppeldecker zu sehen war, versammelte sich eine Gemeinde von zehn Millionen Gläubigen vorm Gerät, um die inzwischen gemeinfreien Worte des launischen Jahwe zu vernehmen. Eine andere Folge lief vor einem kritischen Publikum im eher heidnischen Korea, anschließend stand das islamische Indonesien auf dem Heilsplan. Nur die verstockten deutschen Provinzen leisteten dem Glaubensbekenntnis ungebührlich lange Widerstand.

Dabei hat Herr Kirch in seiner unendlichen Güte, die allenfalls böse Mächte als Pharisäertum schmälen würden, den frommen Mummenschanz mit Fleiß den öffentlich-rechtlichen Anstalten zugedacht. Anderswo, wie nur zum Beispiel bei SAT 1, der Hauskapelle der Kirch-Gruppe, würde vielleicht nicht die rechte Andacht aufkommen. Für Wolf Feller vom Bayerischen Rundfunk geht es schließlich um nichts Geringeres als das »Kulturerbe des

Abendlands«. Werbeunterbrechungen fände er deshalb eher »ungut«. Für SAT 1 ist mit dem »Kulturerbe des Abendlands« leider »kein vernünftiger *audience flow*« mehr möglich, was auf deutsch vermutlich heißt, daß dem Herrn Kirch – Bibel hin, gläubiger Katholik her – im eigenen Sender ohne eingespieltes Glücksrad die Zuschauer davonlaufen würden. Wenn sie schon weglaufen vor soviel Heiligkeit, dann bittschön woanders. Bei aller Liebe war dem ZDF das Hochamt dann doch zu teuer, und auch die ARD zahnte lange wegen der Unkostenbeteiligung von 35 Millionen Mark. Erst mit einigen deutsch-italienischen Koproduktionen als Zuwaage haben sich die Chefredakteure mit knapper Mehrheit zum Evangelium nach Leo Kirch bekannt.

Denn der Herr Kirch, soviel wurde aus dem in München gelegentlich hellauflodernden Dornbusch bekannt, versteht bei dieser heiligmäßigen Sache keinen Spaß. Die Instrumente der heiligen Inquisition sind vielleicht in der Asservatenkammer verschwunden, aber es gibt auch andere Mittel. Beispielsweise verfügt Leo Kirch über 15.000 Spielfilme, genug, um mehrere Jahre Programm zu machen. Ohne sein Programm gibt es auch bei den anderen Sendern keins.

Es kann freilich der frömmste Filmproduzent nicht in Frieden leben, wenn es dem gottlosen Nachbarn nicht gefällt. Auch Leo Kirch hätte die Welt gern schöner, als sie ist, aber was kann einer wie er schon ausrichten? Vermutlich leidet er wie Hund an dem Zeug, mit dem er Geld verdienen muß, aber deshalb läßt er sich längst nicht sein Bild von einer schöneren Welt abkaufen. Hatte Kirch bei seinem Bekehrungsfeldzug für die Bibel noch mehr Geld als Geschmack bewiesen, so entbarg er beim nächsten Kulturkampf sein Innerstes. Als das Bundesverfassungsgericht auf die frevlerische Idee verfiel, der Kruzifixzwang in bayerischen Grundschulen sei nicht ganz grundgesetzkonform, meldete sich in Kirch der lange verleugnete Idealist. Er hatte sich damit abgefunden, daß das Programm in seinen Sendern mit viel Liebe auf die Schlüsselreize Schwachsinn, Gewalt und Altmännersex heruntergedimmt war, aber das ging nun doch zu weit. Als in der *Welt*, in seiner *Welt*, ein liberaler Kommentar (eines ehemaligen Staatsrichters) zu dem Urteil erschienen war, forderte Leo Kirch sofort die Entlassung des Chefredakteurs, der solch gotteslästerliches Gebaren geduldet hatte. Ein Meßdiener bei *Bild* war dann auch zur Stelle, um den Leserbrief gleich in der Zeitung zu drukken. Leo Kirch läßt seiner nur ungern spotten. Der Mann verfügt nicht bloß über ein glühendes Sendungsbewußtsein, er glaubt auch noch an das Gute im Menschen. Manchmal setzt er es auch durch.

DER STREBER MÖCHTE LEHRER SEIN

Die Urszene fand auch für ihn 1968 statt. Selbstverständlich war er dabei, wenn auch nicht mit ganzem Herzen. Eigentlich war er nämlich in der Arbeiterbewegung tätig und hatte keine Zeit zum Studieren. Oder saß an seiner Doktorarbeit. Oder wollte nichts riskieren. Günther Beckstein zum Beispiel, heute bayerischer Innenminister und schweren Herzens für Abschiebungen zuständig, war 1968 dabei, behielt aber im rechten Moment einen klaren Kopf. Auf einer Party bot ihm jemand einen Joint an, doch er lehnte ab. Beckstein spekulierte gar nicht mal auf das Amt des amerikanischen Präsidenten, aber zu Drogen sagte er lieber nein, denn sonst wäre am Ende nichts aus ihm geworden. Gleiches gilt für Eberhard Diepgen oder Wolfgang Schäuble. Sie waren dabei und doch wieder nicht, und deshalb konnten sie Karriere machen. Andere wieder sind sogar richtige Opfer der Kulturrevolution und deshalb später erfolgreich geworden. Uwe Barschel, der nach dem Willen seiner Frau eigentlich Ministerpräsident von Europa werden sollte, erzählte gerne, wie er sich 1968 einmal fast zu Tode erschreckte: Randalierende Studenten hatten sich an seinem Heiligsten vergangen und seine Zettelkästen aus dem Fenster geworfen. Sie konnten nicht verstehen, wie einer sich weiter über seine Kartei beugen konnte, wo es doch um Notstandsgesetze, Vietnam und überhaupt die Revolution ging. Uwe Barschel wiederum mochte nicht begreifen, daß irgend etwas wichtiger sein könnte als sein Studium. Damals setzte er sich durch, nutzte seine Zettelkästen und promovierte gleich in zwei Fächern. Nach seinem Tod hieß es allerdings, daß er sich die Doktorarbeiten, beide, von Substituten habe schreiben lassen. Wie wäre dann aber die instruktive Geschichte mit den ausgekippten Zettelkästen zu verstehen?

Schwierigkeiten beim Luftholen: Peter Glotz

Er stand im Keller des Geschwister-Scholl-Instituts in München und kopierte irgendwelche Papiere für seinen Professor. Assistent war er 1968 und in Sorge um sein Weiterkommen. Oben auf der Straße, soviel gab der Blick aus dem Kellerloch her, mußte nichts Geringeres als die Revolution ausgebrochen sein, Geschrei, Fußgetrampel, Transparente, allgemeine Anarchie. Der junge Mann im Keller klammerte sich an seine Papiere, an die Papiere des Professors, und fürchtete sich sehr. Der Sturm ging vorüber, die Revolution auch, und heute ist der Assistent nicht bloß Professor, sondern Gründungsrektor der Universität Erfurt. Er hat sich damals richtig entschieden, an den Kopien festgehalten und nicht an irgendwelchen Transparenten. Wenn die Studenten dreißig Jahre später auf die Straße gehen und sogar nach Bonn ziehen, um sich über ihre Arbeitsbedingungen und die staatliche Sparpolitik zu beklagen, schaudert's den Rektor, und er wird wieder zum Assistenten seines Professors. »Bizarr« nennt er die Proteste der Studenten und fordert neuerlich die Einführung von Studiengebühren.

Dabei ist seine Karriere keineswegs so ebenmäßig verlaufen, wie sie sich zuletzt rundete. Der Streber hat die Universität bald nach einer Dissertation über die Funktion der Literaturkritik verlassen und sich im wirklichen Leben umgeschaut, er ist der SPD beigetreten und hat ihr als Bundesgeschäftsführer und Abgeordneter gedient. Seine eigentliche Leidenschaft jedoch wurde das Schreiben. In der legendären RTL-Sendung »Der heiße Stuhl«, in der er sich gegen Schönhuber oder für das Volkstheater oder ein ähnlich umstrittenes Thema verwendete, gab er als Beruf »Schriftsteller« an. In seinem Frühwerk ließ er sich gern für einen Spion in der Politik halten, für den klassischen Intellektuellen, der, die »Innenausstattung der Macht« neugierig musternd, ein wenig parzivalesk in ihr herumgeht. Noch der Amtsträger wußte seine eher parterre angesiedelten Parteifreunde mit der Empfehlung zu verblüffen, sie sollten, statt im Wahlkreis den Stammtisch freizuhalten, übers Wochenende doch mal Peter Handkes *Kindergeschichte* lesen. Parteimanager, Abgeordneter, Fernsehrat, Kommission hier und Kommission da und nebenbei noch Chefredakteur der SPD-Zeitschrift *Die Neue Gesellschaft*, das lastete den fleißigen Mann einfach nicht aus. Wir müssen uns den Streber, das Sektglas in der Hand und immer einen Schritt hinter seinem Parteivorsitzenden, als schrecklich unterforderten Menschen vorstellen. Als er sein Mandat in Bonn aufgeben wollte und seine Entscheidung, damit sie auch nicht unbemerkt bleibe, im *Spiegel* bekanntgab, vertraute er den beiden Interviewern an, jetzt, nach seinem Abschied aus dem Bundestag, fände er womöglich endlich Zeit, seine Bücher mit ein wenig Ruhe zu schreiben und nicht mehr morgens zwischen sechs und acht Uhr. Mit Zeit ist er nicht gesegnet, aber wenigstens mit einer gesunden Geldgier. Im *Bonner Tagebuch*, das Abschied und Interview folgte, ist neben den üblichen Fiesigkeiten, die einem Intellektuellen das Leben schwermachen können, auch verzeichnet, wenn sich ein Besuch in Hamburg gelohnt hat, wenn der Intellektuelle nämlich mit Schreibaufträgen für *Spiegel, Zeit* und *Die Woche* abreisen kann. Schreiben konnte er zwar noch nie, das aber konkurrenzlos schnell. Ganz gleich, ob er sich zum *Kampf der Kulturen* äußert oder zu Heimito von Doderer oder einer tausendseitigen Thomas-Mann-Biographie: Der Streber schnipst nach alter Weise mit den Fingern, steht auf und liefert ab. Daß er meist besinnungslos schwallt, schon weil er keine Zeit hatte, das Buch, über das er sich verbreitet, auch noch zu lesen, beschäftigt ihn so wenig wie die Redaktionen, die ihn als Allerweltsschriftsteller schätzen. Wer soviel Platz vernichtet, ist sowieso unhintergehbar.

Schon statistisch ist es unwahrscheinlich, daß dem Streber nicht hin und wieder ein wahres, manchmal sogar ein halbwegs durchdachtes Wort unterläuft. In der Golfkriegsbegeisterung beschrieb er präzise die nationale Aufrüstung im Feuilleton, und so sehr Botho Strauß seine bluttriefende Kulturkritik (cf. → *Leberwurst, beleidigte*) gerade Berufsbedenkenträgern wie ihm aufs Butterbrot geschmiert hatte – diesmal fiel er nicht auf die neueste Denkrichtung herein und warnte lieber vor dem *Anschwellenden Bocksgesang*. Natürlich konnte sich der Streber auch hier nicht mit der Schilderung des Sachverhalts zufriedengeben, sondern mußte finster werden: »Freunde, es wird ernst!«

Ein Schriftsteller, und sei er auch ein rechter Streber, tut doch keiner Fliege was zuleide, sollte man denken. Tut er auch nicht, er nimmt sie nicht einmal wahr. Sein intellektueller und realer Umgang sind die Großen dieser und der kommenden Welt, sein Schauplatz ist das Weltwirtschaftsforum in Davos oder wenigstens die Konzernzentrale von Bertelsmann in Gütersloh. Was neu ist an den neuen Medien, was immer an Globalisierung und Euro-Melancholie durch die Welt geistert, wird von ihm liebevoll begleitet, und dann ist es nur gerecht, wenn er als Summa seines kritischen Bewußtseins im Verlag C. Bertelsmann eine Biographie seines Geschäftspartners, des Medienhändlers Josef von Ferenczy, veröffentlicht. So ganz hat der Herr Assistent nie aus dem Kopierkeller herausgefunden.

Doch auch der Streber hat einen schwachen Punkt, auch er will einmal Mensch sein und nicht bloß *Woche*-Mitarbeiter. Generationskonform verbringt er seinen Urlaub im Süden, dort, wo es bis vor kurzem noch eine pittoreske Arbeiterbewegung gab und billige Häuser. Wo aber die Gefahr droht, das intellektuelle Deutschland könnte ihn vergessen, wenn er sich einen ganzen Sommer lang weder als Dozent, Parteidenker, Tagebuchautor noch als Globaltheoretiker zeigt, wächst das Rettende auch, und das

Fernsehen kommt ihn besuchen im zitronenbestandenen Süden. Der Streber sitzt dann auf einer Piazza, vermutlich ist es der Campo in Siena, und läßt sich durchs Lorbeer-Gerank beim entspannten Hinausschauen ins italienische Kunstschöne beobachten. Weil Sommer ist und Ferienzeit, fährt er einmal sogar aus der Haut und wird für einen Moment mystisch. Der Blick bleibt in die mittlere Ferne gerichtet, die Miene erstarrt vor grundgesetzlicher Härte und der Mund verkündet mit viel Preßluft *ex cathedra* und *urbi et orbi*: »Die Linke muß die Toskana atmen!«

Warum ist es in Deutschland so schön?
Peter Schneider

Der prominenteste Windschattensieger von 1968 ist Peter Schneider. Weil ihm der Radikalenerlaß sein reguläres Lehramt verweigerte, behelligt uns Peter Schneider seit drei Jahrzehnten mit seinem Meinungsterrorismus. Zu sagen hat er nichts, aber er muß ständig mitreden. So hat er es in zäher Arbeit endlich doch in den öffentlichen Dienst geschafft: als Erregungsbeamter bestempelt er jede Affäre und jeden Unsinn. Rechtschreibreform oder Aserbeidschan, vor diesem vorbildlich demokratisierten Staatsdiener ist alles eins. Unser liebes Schweinesystem läßt eben keinen verkommen.
Während draußen in der Welt ein Krieg tobt, sitzt der Schriftsteller daheim an seinem Schreibtisch und leidet an seiner Machtlosigkeit. Hinaus ins feindliche Leben

möchte er, kämpfen, die Feinde dämpfen. Das Schicksal der Bürgerkriegsopfer im ehemaligen Jugoslawien machte sogar aus mitteleuropäischen Stubenhockern plötzlich Helden (cf. → *Helden unserer Zeit*). Wer sich da nicht spornstreichs empörte, verpaßte womöglich die Chance seines Lebens. Die Kriegsopfer haben zwar eher wenig davon, um so mehr aber springt für den berufsbetroffenen Autor raus: Ist er doch mannhaft aufgestanden im Angesicht des fernen Feindes und hat todesmutig sein *J'accuse!* hinausgeschmettert. Der mutigste unter den todesmutigen deutschen Schriftstellern ist Peter Schneider. 1967 belferte der »Enzensberger für Arme« (Dirk Schümer) nicht schlechter als heute: »Den Sozialismus werden wir nur bekommen, wenn wir unsere Feinde wissen lassen, daß wir alle Mittel anwenden werden, die nötig sind, ihn zu bekommen.«

Im *Kursbuch* machte sich das tapfere Schneiderlein so seine Gedanken über die »Phantasie im Spätkapitalismus und die Kulturrevolution«. Kräne, »wenn sie abends mit den Hälsen zueinander ruhig dastehen«, fand er schön, »eine Bombe wert sind die meisten mit ihrer Hilfe gebauten Häuser«. Mit frischgelerntem Marx stürzte er sich in die Warenwelt: »Keine Gabel, kein Hemd, kein Schuh, kein Haus, keine Straße, keine Stadt, kein Produkt menschlicher Tätigkeit, dem man nicht ansähe, daß es nicht dazu da ist, gebraucht, sondern verkauft zu werden.« Wo er hinschaute in seinem klassenkämpferischen Fundamentalzorn, überall sah er nur »Fratzen des um seinen Markt kämpfenden Kapitals«. Der Spätkapitalismus war aber nicht ganz schlecht, verwandelten sich seine Produkte

doch unter den Augen des gnadenlosen Ästheten Peter Schneider in »gleichsam umgekehrte Gedichte«.
Kunst mußte es schon sein, aber dann vom politischen Kommissar abgezeichnet. Nachdem er den Spätkapitalismus so in Grund und Boden kritisiert hatte, brauchte Schneider ein Rückzugsgebiet und eroberte sich mit Strebereifer die Literatur. Seinem damaligen Vorbild Peter Handke hat er erzählt, wie er es fertigbringt, auch als Ästhet immer noch Kämpfer zu sein: Er legt beim Schreiben immer ganz enge Jeans an, damit er sein Geschlecht fühlt, und zieht nach Möglichkeit auch noch das Hemd aus. Deshalb ist seine Literatur auch so vital.
Der Spätkapitalismus ist inzwischen sogar noch später dran, aber als gelernter Übersollerfüller wird einer wie Peter Schneider seiner Folgen mühelos Herr. Auf den Sozialismus ist er vielleicht nicht mehr ganz so scharf, aber was soll sein, Leute: *lotta continua*. Das Blitzmädel Schneider muß von Zeit zu Zeit beweisen, daß er zu den ärgsten Kriegsgreueln zählt.
Das denkfaule Phrasendreschen geht also weiter, und wie früher kommt die Macht aus den Gewehrläufen: »Der Krieg im ehemaligen Jugoslawien hört nicht auf die saubere Unterscheidung zwischen Gut und Böse, wohl aber auf die zwischen verbrecherischen Aggressoren und angegriffenen Opfern, die dann in der Reaktion und Gegenwehr ebenfalls Verbrechen begehen.« Der Krieg kann nicht mehr besonders gut hören, und wer bei diesem Gedröhn nicht ebenfalls ertaubt, der hat keine Ohren.
Ein derart wildgewordener Streber könnte einem auch leid tun: Seit Döblin muß ein Kerl unbedingt eine Mei-

nung haben, und Schneider beugt sich aufopferungsvoll diesem Diktat. Immerhin hält der Spätkapitalismus die eine oder andere Linderung bereit: Wenn die jeweils fällige Meinung käuflich auf der Straße liegt, um so besser. Die Tugend des Zweifels (und sei es an der eigenen Bedeutung) ist Schneider schon sehr fremd.

Zur Beglaubigung seiner Dithyramben auf Kräne und VW-Käfer ging er damals in die Fabrik arbeiten, weil auch das den strebsamen Charakter bewies. Als es Mode wurde, half er die Literatur abschaffen und holte sie dann, als die Mode wechselte, rasch wieder aus dem Leichenschauhaus. Dafür wird er heute mit den meisten Reisen belohnt, die das Goethe-Institut samt bei- und nachgeordneten Institutionen weltweit zu verteilen hat. Der staatlich vorfinanzierte Kosmopolitismus versorgt ihn und uns mit Fünfpfennigweisheiten wie der, daß in den Vereinigten Staaten von Nordamerika die kosmetische Zahnbehandlung quasi naturgesetzlich ist.

Neulich muß ihm ein freundlicher Mitmensch neue Augen geschenkt haben, denn mit diesen schaut er jetzt auf das Vaterland, in das er nach einem neunmonatigen Stipendium in den USA leider zurückkehren mußte. Wohin er schaut mit seinen »neuen Augen«, er findet nur Altbewährtes, vorzugsweise ein »Deutschland in der Krise«. So sehr erschüttert ihn dieser Anblick, daß er sich vorsorglich auf jenen Gemeinplätzen niederläßt, die Roman Herzog so gern offen anspricht. »Mutlos« ist Deutschland, zu wenig »zukunftsfreudig«, eine »rätselhafte Selbstverpflichtung zum Mißmut und zum Verdruß« sieht er am Werk. Es steht auch wirklich schlimm um Deutschland:

Die sich früher so augenfällig prostituierenden Produkte der Warenwelt lassen sich hier, anders als in Amerika, nicht mehr so ohne weiteres erwerben, weil die Berliner Verkäufer keine Lust haben, nach einem »eher ungewöhnlichen Artikel in der unendlichen Kette des Computerzubehörs« zu suchen. Am Potsdamer Platz faszinieren den Schriftsteller wieder einmal gut kapitalismuskritisch die Wunderwerke der Technik, »gewaltige Erdaushübe und gelbe, tadellos planierte Sandflächen ... schwindelnd tiefe ausbetonierte Baulöcher« und, hallo! natürlich die »schwimmenden Kräne«. »Das alles suggeriert den Eindruck einer ungeheuren Energie und Kraft und macht neugierig auf das Kraftzentrum.« Wer da mitbauen, mitregieren, mitkämpfen könnte!

Es ist schrecklich, die Fratze des Kapitals fletscht die Zähne noch abscheulicher als früher, Peter Schneider durchschaut sie noch analytischer, aber der Kapitalismus braucht ihn einfach nicht: »Das vorläufige Ergebnis all dieser komplizierten Befindlichkeiten ist jedenfalls, daß der epochale, bisher nicht vorgedachte Vorgang der Umwandlung eines kommunistischen Systems in ein kapitalistisches praktisch ohne intellektuelle Begleitung stattfindet.« Es ist zum Verzweifeln: Da war man jahrelang Verfassungsfeind, hat jeden Scheiß der letzten dreißig Jahre mitgemacht, und es war doch alles umsonst. Der Kapitalismus protzt vor sich hin, ohne den Streber darum zu bitten, über das nicht Vorgedachte doch bitte in aller Ruhe nachzudenken. Die Welt bedarf dringend einer neuen Kulturrevolution.

DIE NACHTWÄCHTER

Bang wird einem zur Nacht, wenn die Wölfe sich zusammenrotten und diverse Gespenster das Haus umstellen. Der Wind heult draußen, die Bäume hat er schon im eisernen Griff, an der Tür rüttelt er, sein Drängen, immer wütender mit fortschreitender Nacht, gilt es dir oder gilt es mir? Was will er überhaupt, der schrecklichschlimme Wind? Gleich wer oder was da droht von draußen her, es ist rätselhaft und im Zweifel gefährlich. Gut, daß wir hier drinnen sitzen im Warmen und uns nicht zu fürchten brauchen. Obwohl, so ein bißchen Gruseln wäre doch auch wieder ganz schön. Was am besten gruselt, hängt vom Barometer und der Konjunktur ab: Früher einmal war es das Gespenstergespenst, später kam der Russe und Aids, schließlich der Euro oder der Kurde, der Neonazi und vielleicht auch schon die Globalisierung. Solang wir aber hier drinnen sitzen, wo's schön warm ist und doch recht gemütlich, brauchen wir uns nicht zu fürchten. Es gibt jemand, der sich um uns kümmert, der aufpaßt, daß uns kein Leid geschieht, und der weiterhin dafür sorgt, daß wir verstehen, was wir nicht sehen. Der uns also ein wenig Angst macht, in Maßen natürlich, die Angst aber gleich wieder von uns nimmt, weil er die Welt draußen so schlüssig zu interpretieren weiß.

In den alten Zeiten, wo das Wünschen noch weniger

nützte als heute, versahen die Nachtwächter dieses wichtige Doppelamt, gingen stündlich oder halbstündlich durch den sorgsam eingemauerten Burgfrieden, nannten dem, der's wissen wollte, die genaue Uhrzeit und versicherten vor allem den Schlafenden, daß sie das auch unbesorgt tun könnten. Leider verfällt die sonst so penible Stadtchronik jedesmal dann in Schweigen, wenn man etwa erfahren möchte, wie es war, wenn tatsächlich einmal die Schweden kamen: Vermochte der einsame Nachtwächter denn seine lieben Mitbürger noch rechtzeitig zu den Waffen zu rufen? Oder wurde er nicht vielmehr das erste Opfer der Feinde und sogleich zum Verstummen gebracht? Der Nachtwächter erlebt seinen erhabensten Sinn als Verkünder der Friedenszeit; für den Ernstfall ist er eher ungeeignet.

Er meldet den Frieden auf Erden und bestätigt ihn durch seine Präsenz, hat aber selber eher wenig zu sagen; das überstiege auch seine Vollmachten und entspräche nicht mehr seiner Arbeitsplatzbeschreibung. Zumindest in Mitteleuropa ist der Krieg gegenwärtig extinkt, die Lebensbedingungen für den Nachtwächter sind also ideal. Auch wenn die Städte lang schon ihrer Mauern und der klassischen sozialen Kontrolle verlustig gegangen sind, stehen die Bürger sich doch immer noch nah wie am Ende des christlichen Mittelalters; das Fernsehen schart sein angstbereites Publikum Abend für Abend um sich. Drei Männer halten, auf je verschiedene Weise, die gute deutsche Tradition des Nachtwächters hoch, es sind Ulrich Wickert, Peter Gauweiler und Günter Grass.

Der Ehrliche ist immer der Dumme: Ulrich Wickert

Im steten Wechsel mit einer Frau referiert Ulrich Wickert allabendlich den Lauf der Welt. Der stößt ihm so gut zu wie den Zuschauern der Tagesthemen, Wickert kann die anfallenden Nachrichten allenfalls auswählen, nur ganz bescheiden kommentieren und schon gar keinen Einfluß auf sie nehmen. Aber wenn er sich von der Nachrichtenvermittlung verabschiedet und auf das Wetter überleitet, tritt er für einen Moment aus seiner Rolle als treusorgender Schlafwagenschaffner und setzt zu einer eigenen Rede an. Es ist eine moralische Erzählung, die er von langer Hand vorbereitet zu haben scheint, die ihm offenbar richtig am Herzen liegt und den Schlafbürger mit einem besinnlichen Rauchring in die Nacht entlassen soll. Was er aber erzählt, der ARD-Nachtwächter, ist meist nur eine dieser lustigen kleinen Meldungen, wie sie von den Nachrichtenagenturen gern unter Priorität 6 auf den Fernschreiber geschickt werden und dann am nächsten Tag auf der vermischten Seite in der Zeitung zu stehen kommen. Wo endlich Wickert selber spricht, spricht, ach, nur der Ticker aus Wickert. Erst in der allerletzten Sekunde, ja Tertie, wenn er mit dem Schlußwort »Das Wetter« zur Meteorologie abgibt, kommt der Wickert im Nachtwächter zum Vorschein, senkt er die Lider bekräftigend hinter seiner Anekdote her und deutet ein lausbübisches Grinsen an. Aber grade da, wo der Nachrichtenmann für einen Augenblick vom Philosophen überwältigt zu werden droht, macht dieses Grinsen der Gefahr einer

Eigenmächtigkeit ein rasches Ende. Es ist nichts, sagt das Grinsen, nur der Wind, geh unbesorgt schlafen, und morgen komm ich wieder vorbei. Oder mit einem schönen alten deutschen Satz: Lieb Vaterland, magst ruhig sein.

Nur der Philosoph hinter dem Nachrichtensprecher findet keine Ruhe. Er möchte warnen, helfen, retten, möchte selber aus dem Fernsehen befreit sein, möchte Mensch werden und zu den anderen sprechen, einmal nicht als Nachrichtenverstärker, sondern als Intellektueller, als politisch denkender und handelnder Bürger. Ach, einmal ganz und gar Ulrich Wickert sein und nicht die Tagesthemen. Längst schon will er den alten Adam ausziehen, den er abends ins Studio schleppt, in seinem Astralleib soll man ihn kennenlernen, der irdischen Hülle ledig, ganz Philosoph, ganz Wickert.

Wie's die aufklärerische Tradition vorschreibt, äußert sich der dem Fernsehen glücklich ausgewitschte Philosoph in einem alten Medium, er schreibt ein Buch. Bei Wickert, den alle vom Sehen kennen und allenfalls als Humoristen, müssen es gleich mehrere Bücher sein. Frankreich wird behandelt, schon weil er als ehemaliger Korrespondent berufsmäßiger Baskenmützenträger ist, dann folgt, als Unterabteilung im Fortbildungslehrgang, Frankreichs reiche Käseauswahl. Doch allmählich nähert sich das Sandmännchen seinem eigentlichen Thema. Die Sorge um das Gemeinwesen treibt ihn um. Hier endlich kann Wickert aus ganzem Herzen der öffentlich-rechtliche Nachtwächter sein und zugleich identisch mit seinem besseren Ich als Nachtdenker. Wickert macht sich nämlich auch so seine Gedanken zur Parteiendemokratie, zur Reformbereitschaft der Gesellschaft, natürlich erst recht zur Zukunft. Buch auf Buch schreibt, signiert und verkauft er mit schönem Erfolg, denn vornedrauf ist das bekannte Gesicht des bekannten Nachrichtenmaklers. Ob ihn diese Prämisse seines zweiten öffentlichen Wirkens wirklich glücklich macht?

Das Glück gelingt ihm schließlich, wenn auch nur für eine kurze Spanne. Er veröffentlicht, nach amerikanischem Muster, unter seinem ehrlichen Namen ein *Buch der Tugenden*, das kreuzbrav kürzere und längere Kalendersprüche zur Lebensweisheit und sonstigen Diätetik versammelt und im Zweifel an das Gute im Leser appelliert. Vom Autor stammt nur eine knappe Einleitung, aber bis der Leser das merkt, hat er das Buch schon erworben, und schließlich unterscheidet sich das, was einem Ulrich Wickert mit guten Wünschen auf den Lebensweg mitgibt, nicht wesentlich von dem, was sich über die Jahrhunderte als allzeit gültige Lebensweisheit sedimentiert hat. Zufällig stimmt das Verhältnis der eigenen Leistung zur nur vorgetragenen anderer ziemlich genau mit dem überein, was er abends immer präsentiert: Wo Wickert draufsteht, ist kaum etwas von Wickert drin. Dennoch oder gerade deshalb hat Ulrich Wickert (wenn auch mit zahlreichen Leihstimmen) endlich seine Bestimmung gefunden, er spricht direkt zum Volk über das, was ihm am Herzen liegt: Nehmt hin, dies ist mein Astralleib …

Nun will es ein ziemlich ehernes Gesetz der angewandten Medienwissenschaft, daß sich eine allzu dreist zelebrierte Hybris auch mitten in der Öffentlichkeit rächt.

Franz Alt, Wickerts Vorgänger auf der öffentlich-rechtlichen Kanzel, predigte über Jahre, daß Frieden oder wenigstens Liebe möglich sei, die Zukunft im Biogras zu finden und Maria irgendwie menschlich viel netter sei als der olle Jesus, aber dann kam heraus, daß der fromme Prediger Alt eine Frau samt ihren beiden behinderten Kindern sitzengelassen hatte. Wickert folgte ihm wacker nach, predigte öffentlich für eine erneuerte Tugendherrschaft und daß der Ehrliche heutzutage doch der Dumme sei, ließ sich aber gleichzeitig einspannen, um auf einem Ausbildungsvideo Dummermannsreklame für Versicherungspolicen zu machen. Als eine Hamburger Buchhandlung eine Lesung aus dem *Buch der Tugenden* ankündigte, verriet das Plakat, daß die Veranstaltung mit freundlicher Unterstützung einer Reifenfirma stattfinde. Wickert war doppelt ertappt, und zwar als der *showman,* als den ihn jeder kannte und der er um keinen Preis mehr sein wollte. Der ehemalige *arbiter elegantiarum* in feinen Käsen hatte vor lauter fleißigem Freirudern übersehen, daß er inzwischen zum Tugendhelden promoviert war. Helden (cf. → *Helden unserer Zeit*) müssen in jeder Lebenslage gut ausschauen. Solange er sich nicht dabei erwischen läßt, darf der Moralist ruhig öffentlich Wasser predigen und heimlich Burgunder trinken. Wenn er sich aber zum Lehrbeispiel macht, befindet er sich im öffentlichen Dienst. Wickerts Problem war ein allgemeines: Offenbar rechnete sich das Preis-Leistungs-Verhältnis der altmodischen Tugend, die er als Heilmittel gegen die Laster der modernen Welt wie Geldgier, Verschwendungssucht, Unlauterkeit etc. empfohlen hatte, am Ende in seinem Privathaushalt doch nicht. Moral: Wer sich in die Moral rettet, kommt darin um.

Der gnadenreiche Schnurrbart: Peter Gauweiler

So ein Schnurrbart, so ein Schnurrbart macht was her. In der alten Bundesrepublik war er schon fast ausgestorben, als zum Glück und zu seiner Rettung die Wiedervereinigung kam und der bedrohten Population massenhaft aufhalf. Schnurr- und Schnauzbart wurden das Panier der selbstbewußten Nation, und hinter den wenigen genuin politischen Schnäuzern wie dem von Wolf Biermann (cf. → *Helden unserer Zeit*) sammelte sich eine freilich heterodoxe Volksbewegung.

Peter Gauweilers Bart allerdings war seit je von allem opportunistischen Makel frei. Er hing nie im Wind der Geschichte, sondern stand immer im Dienst eines melancholischen Herzens. Der begabte Laiendarsteller in Ludwig-Thoma-Einaktern gehörte zwar auch zu den Achtundsechzigern (cf. →*Der Streber möchte Lehrer sein*), aber er stand früh schon auf der richtigen Seite. In feindlichster Umgebung verteilte er auf dem Schulhof die Flugzettel der Schüler-Union, und zur Belohnung fand er früh Anschluß an den innersten Zirkel der CSU. Gauweiler übernahm Strauß' schlichtes Weltbild und lernte bei ihm, wie man griffig für die hinteren Reihen formuliert. Als er schließlich als Kreisverwaltungsreferent in die Münchner Innenstadt einziehen durfte, war's nicht anders, als hätte Dodge City endlich einen Sheriff. Der Tag war gekommen, der Welt zu sagen, daß ihr letztes Stündlein geschlagen habe, wenn sie sich nicht sofort aufrapple und schleunig was unternähme gegen ihre Übel. Stellvertretend, einer muß den Job ja machen, unternahm Peter Gauweiler, was nur er konnte. In der Fußgängerzone entdeckte er Straßenmusiker und weitere »sozialauffällige« Elemente, die sich aus übergroßen Rotweinflaschen betranken. Diese Elemente ließ er aber sofort samt ihren Flaschen an den Stadtrand transportieren. Hingebungsvoll widmete er sich der undurchschaubaren Scientology, die gewiß nicht beidbeinig auf dem Boden des christlichen Abendlandes stand. Schließlich entdeckte er zu seinem Glück Aids. Die »Geißel unserer Zeit« war nun zwar eher kein kommunales Problem, aber ein großes Thema, und Peter Gauweiler konnte nicht genug davor warnen, forderte eine komplette Verrasterung der Bevölkerung und vorsorgliche Meldepflicht fürs kritische Potential.

Sozialfälle, Betrüger und Volksgesundheitsschädlinge: So ein fleißiger Ausmister fällt seinem Vorbild natürlich irgendwann auf, und Gauweiler wurde als Staatssekretär ins bayerische Innenministerium berufen. Dort durfte er zwar weiter als Chef-Hygieniker wirken, überlebte das Ende seines Schirmherrn aber nicht lange. Der nicht weniger populistische Edmund Stoiber (cf. → *Der Kandidat*) trennte sich recht leichten Herzens von seinem Zwilling.

Seines regulären Wirkungskreises beraubt, als Kandidat bei der Bürgermeisterwahl in München gescheitert, verlegte sich Gauweiler erst recht aufs Nachtwächteramt. Die bürgerliche Gesellschaft galt es zu verteidigen, und Feinde fanden sich ringsumher. Gerne beschäftigte ihn die politische Fachzeitschrift *Focus* als Vordenker. Gauweiler verdeutscht, was sonst womöglich unterginge im Trubel des politischen Alltags, zum Beispiel Botho Straußens xenophobische Anwandlungen (cf. → *Leberwurst, beleidigte*). Er warnt vor Überbevölkerung und einem allzu hohen Ausländeranteil. Wer, wenn nicht einer wie er, sollte die »Substanz des Landes verteidigen«? Gründlich, wie keiner sonst, läßt er sich die Sanierung des von allen Seiten bedrohten Volkskörpers angelegen sein, geißelt zum Beispiel den bilderbuchmäßigen Fall, wo das Münchner Sozialamt angeblich einem langhaarigen Neubürger die Friseurunkosten ersetzte. Der Mann hat, logisch, Rastalocken, und in diesen *dreadlocks* nistet Gefahr, und sei es nur, daß sie die ungeheure Summe von DM 300,– aus dem Volksvermögen absaugen. Der Nachtwächter kann noch mehr: Zustände wie in Berlin befürchtet er, Klassen mit einem Ausländeranteil von achtzig Prozent, da muß doch was geschehen. »Wir leben in Bayern nicht auf der Insel der Seligen«, droht er Tag und Nacht und möchte ganz ohne den Segen seiner Partei ein Bürgerbegehren durchsetzen gegen weitere Zuwanderung. Als die Ausstellung über die Verbrechen der Wehrmacht in München gastierte, lief der Nachtwächter zu seiner Vollform auf und empfahl dem Finanzier Jan Philipp Reemtsma, sich statt um die Wehrmacht um die Millionen Opfer unter den Rauchern zu kümmern, die die Zigarettenfabrik Reemtsma auf dem Gewissen habe. Das

war wieder sehr hübsch gedacht, zigarettenbildcheneinfach und jedem sofort einsichtig. So wird einer vom Nachtwächter schnell zum Narren.
Manchmal wandelt ihn deshalb die Melancholie an, die Einsicht in die Vergeblichkeit seines Tuns, wo doch sein intellektueller Wirkungskreis zwischen *Focus* und der *Jungen Freiheit* viel zu rasch ausgeschritten ist. Aber dann ruft wieder ein Redakteur an und bestellt ein Machtwort, einen Gauweiler. Wenn Dr. Peter Gauweiler schreibt, schreibt er mit Schnurrbart: Deutschland den Deutschen, Meldepflicht für Aids-Kranke, weg mit den Linken! So ein Schnurrbart kann aber auch eine gute Tarnung sein, zum Beispiel wenn die beiden, der Schnurrbart und sein Träger, heftig miteinander konspirieren und die Leser der *Bild*-Zeitung mit besonders kühnen Thesen zum multikulturellen Fundamentalismus überraschen.
In einem Beitrag vergleicht Gauweiler die Khomeinische Revolution im Iran mit der Französischen von 1789, er findet uns am göttlichen Eifer der »uralten persischen Nation« gemessen »atheistisch und bindungslos«, lobt dafür den guten Erbakan (»übrigens erfolgreicher Absolvent einer deutschen technischen Hochschule«), weil der »seine religiöse Weltanschauung zur Grundlage seiner Politik gemacht« habe, und erkennt schließlich messerscharf, daß wir mit unserer »westdeutschen Multikultihysterie« schon längst »auf dem Treibsand der westlichen Moderne« stünden. Das Abendland, soviel lernen wir aus dieser ziemlich schnurrbärtigen Blitzanalyse, das Abendland geht wieder einmal unter. Das ist der Evergreen der Kulturkritik seit ungefähr dreieinhalbtausend

Jahren, aber er wird immer wieder gern genommen. Selbst ein so gnadenloser Populist wie Gauweiler geht nicht mehr ganz schamlos damit hausieren und kommt auf eine besonders aparte Variante des alten Schlagers: Die Katastrophe wäre allenfalls aufzuhalten, wenn wir uns auf die christlichen Werte des pp. Abendlands besännen oder am besten sofort zur Hadsch nach Mekka aufbrächen. Vom Iraner oder Türken lernen heißt siegen lernen. Und dann droht der Nachtwächter auch schon wieder und stößt in sein geliebtes Bockshorn: Wenn wir nicht fromm werden und so gottesfürchtig wie die Brüder im Iran und in der Türkei, können wir gleich einpacken.
Der Schnurrbart hat gesprochen, und Widerrede wird mit Revolutionstribunal bestraft. Vorsitzender Richter: Dr. Peter Gauweiler. Als Schöffen beigeordnet: der ehrwürdige Herr Dipl.-Ing. (TH) Erbakan und der noch viel ehrwürdigere Menschenrechtsexperte aus der allerheiligsten Stadt Ghom, Herr Khamenei. Urteile würden nicht mehr im Namen des Volkes, sondern dem Allahs verkündet, und am Nachmittag könnte man schon mal den Gottesstaat ausrufen. Schnurrbärte aller Länder, vereinigt euch!

Der schmerzensreiche Schnurrbart: Günter Grass

Der andere Schnurrbart brilliert weniger mit überraschenden Volten, sondern bestreitet seine Karriere, darin wiederum Ulrich Wickert angenähert, als Moralkasper. »Hier haben wir einen Romancier, der sich so gründlich im öffentlichen Leben umtut, daß er nicht mehr mit dem Schreiben eines Romans behelligt werden darf«, warf ihm schon vor fünfzehn Jahren John Updike vor. Nun ist es verschiedenen Schriftstellern auf je verschiedene Weise gelungen, ihre Arbeitskrise oder ihr erschöpftes Talent zum gemeinschaftlichen Nutzen zu wenden. Václav Havel ist das eindrucksvollste Beispiel dafür. Anfang der sechziger Jahre ist Grass in Berlin in die Bannmeile von Willy Brandt eingedrungen, machte dann mehrfach Wahlkampf für ihn, später auch noch manchmal für die SPD und hat sich unterwegs so ziemlich jedes Problem dieser Erde aufgeladen: die Überbevölkerung, den Hunger, das Waldsterben, den Feminismus, die Asylgesetzgebung, die Gewerkschaftsbewegung, den Rechtsradikalismus und die Sinti und Roma. Der Nachtwächter kann über alles beredt Klage führen, über alles in der Welt, denn wie jeder Autodidakt muß Grass mit seinem Wissen prahlen und reicht es so unordentlich weiter, wie er es angehäuft hat. Diese Wissenshuberei nervt irgendwann auch den geduldigsten Leser, zumal wenn der nächtliche Sänger gern seinen Unwillen über die verschlafenen Mitbürger zeigt, die sich trotz des Trötens einfach nicht seine stirnverdunkelnden Sorgen um das Ozonloch und den wieder aufflammenden Rassismus machen wollen.

Seit er Reden schreiben durfte für Willy Brandt, war Grass immer weniger zufrieden mit seiner schriftstellerischen Arbeit. Mag sein, daß er Gefallen an der Macht fand, denn die Themen, die er als Ghostwriter zu behandeln hatte, konnten ihn sprachlich und intellektuell doch nur unterfordern. Vielleicht ist es auch Selbsterkenntnis, die

Einsicht, daß er nicht mehr die Phantasie aufbringt, die es bräuchte, um noch einmal das Niveau seines Frühwerks zu erreichen. Aus der Literatur in die Politik ausgewandert, kann er es doch nicht lassen, Bücher zu schreiben, um sie dann mit offenbar schlechtem Gewissen politisch aufzufitschen; sein literarisches Selbstbewußtsein schwindet reziprok zum Anwachsen seines politischen. Dieser Nachtwächter bringt das Horn gar nicht mehr von den Lippen, er ist Tag und Nacht im Einsatz und gönnt deshalb auch den Bürgern, deren Schlaf er doch bewachen sollte, keine Ruhe mehr. Eine positive Folge hat dieser dauernde Erregungszustand ja vielleicht: er wirkt als Abwehrzauber, und es passiert tatsächlich nie das, was der Prophet genußvoll, wenn auch gramen Gesichts, an die Wand malt: Die Welt ist nicht an Überbevölkerung, Raketen, Umweltverschmutzung und auch nicht daran zugrunde gegangen, daß Björn Engholm als SPD-Vorsitzender zurücktreten mußte. Die Welt tut ihm einfach nicht den Gefallen, mit Karacho unterzugehen, also redet sich der Mahner in immer größere Rage. Warnt vor der schnellen Wiedervereinigung, und als die wider Erwarten noch schneller vonstatten geht und sogar einigermaßen glimpflich, ist der Prophet schrecklich beleidigt, schmollt erst, und beglaubigt sein nicht genug beachtetes Schmollen anschließend mit einem gewaltigen Romanwerk, in dem er, vermittels Theodor Fontane und der Gründungsgeschichte des II. Reichs, den Nachweis zu führen versucht, daß wir bereits im IV. leben. Wenn es nicht so schlimm kommt, wie vom Nachtwächter prophezeit, um so schlimmer für die Wirklichkeit!

Thomas Mann hat vorzeiten von zwei Künstlerrollen gesprochen, dem Repräsentanten und dem Märtyrer. Auf seine älteren Tage und lang nach dem Tod seines verehrten Willy Brandt ist es Grass gelungen, die beiden Rollen welteinmalig in sich zu vereinigen und dabei auch noch wie Thomas Mann zu werden. Niemals sonst wäre er auf die Idee gekommen, einen Roman über einen ahasverischen Theodor Fontane zu schreiben, der immer noch durch Berlin geistert, und dieses Buch dann auch noch mit dem plattesten Fontane-Zitat zu betiteln: *Ein weites Feld*.

Wenn die Kritik über das neueste Werk seiner Schreibkunst herfällt, kann der zürnende Grass auf den Ruf verweisen, den er längst im Ausland genießt. Den hat er sich überwiegend als kritischer Handlungsreisender für Deutschland erworben und eben nicht als Schriftsteller. Aber wenn das Ausland ihn lobt für sein Engagement, sind die Kritiker im Inland natürlich blind, wenn sie sein Buch nicht ebenfalls, und zwar für seine literarischen Verdienste loben. Grass ist überall zugleich: In seinen Büchern handelt er seine politischen Lieblingsthemen ab, und bei seinen politischen Auftritten erzählt er Märchen, zum Beispiel jenes in der Paulskirche, daß man sich mit ihm des zum Wirtschaftsstandort herabgekommenen Deutschland zu schämen habe.

Oder er zeigt seine als Deutschlands Wunde, wenn er sich in seinem Hauseingang neben einem Nachts zuvor frisch aufgesprühten Hakenkreuz fotografieren läßt. Allmählich übertreibt der Mann seine *imitatio Christi*; vielleicht kommt das vom Alter, oder warum sonst wird er wieder so katholisch? Unverdrossen trötet Grass weiter ins Horn und wird immer schamloser in seinem Generalistenanspruch. Als Nachtwächter im überlieferten Berufsbild ist er immer weniger zu verwenden, weil er die Bürger so häufig und jeweils mit so schrecklichen Drohungen zu den Waffen ruft, daß sie längst erlahmt sind in ihrem Eifer und nicht mehr auf sein Rufen hören. Verzweifelt und immer verzweifelter reißt er an der großen Glocke und merkt gar nicht, daß der Klöppel ausgehängt ist. Seine Mitbürger haben ihn schon vor längerer Zeit aus dem kommunalen Dienst entlassen, aber er dient weiter der Gemeinschaft, auf eigene Rechnung, der erste Freischärler-Nachtwächter.

DAS REH

Die Welt von gestern: Uschi Glas

Einmal drehten sie in einem oberbayrischen Kieswerk, das tatsächlich einer Frau gehörte. Die »Kieserin« kam auf die Hauptdarstellerin Uschi Glas zu und sagte: »Wissen Sie eigentlich, daß Sie da meine Geschichte verfilmen?« Die Tränen liefen ihr übers Gesicht, bei Uschi Glas fehlte nicht viel dazu. Die Frau hatte den Mann verloren, zwei kleine Kinder blieben ihr und das Kieswerk. Die Frau hat durchgehalten, die Firma gerettet und nicht verkauft. Es ist die Geschichte von Uschi Glas oder, wie sie glaubt, »Fügung«.
Die TV-Kiesunternehmerin Ursula Glas ist nicht ganz allein auf der Welt. Sie hat ihren Mann (Produktion), sie hat SAT 1 (Sender) und als die alleinstehende Anna Maria Seeberger jeden Montagabend zehn Millionen Zuschauer (fast ein Drittel Marktanteil). An guten Tagen schlug »Anna Maria« sogar die Tagesschau. Da braucht es keine Quotierung, Anna Maria geht ihren Weg im Fernsehen, weil sie Uschi Glas ist.
Wie man das macht? Ja kein Klischee auslassen, politisch oberkorrekt jede gesellschaftliche Gruppe abhandeln und aufnehmen in die große Fernsehfamilie: die Alten, die Türken, die Behinderten, die Ökos, die Bergbauern nicht

zu vergessen – und dann womöglich noch mehr Optimismus verbreiten als im klassischen Sozialistischen Realismus. Kein Mensch sieht sich solche Serien an, es sind bestenfalls »Bügelfilme«, bei denen der Haushalt besorgt wird. Verglichen mit der Schlichtheit von »Anna Maria – Eine Frau geht ihren Weg« gründelte die unvergessene »Schwarzwaldklinik« in faustischen Tiefen.

Wenn das Schicksal zuschlägt mit eiserner Faust, muß Anna Maria vom Golfplatz in die Kiesgrube, muß sich das verwöhnte Luxusweibchen, dem über Nacht der Mann weggestorben ist, mit blöden Kerlen und bedrohlichen Maschinen herumschlagen; wird von den Banken ausgenutzt und vom Gebrauchtwagenhändler über den Tisch gezogen; alte Freunde lassen sie im Stich, neue können sie nicht richtig trösten; dann und wann stellt sich auch ein Verehrer ein. Anna Maria aber schafft es, sie geht – was denn sonst? – unbeirrbar ihren Weg.

Uschi Glas als Anna Maria ist nicht bloß das Superweib, sondern einfach der bessere Mann. Die ahnungslose Witwe wandelt sich zur harten Geschäftsfrau, rettet den Betrieb vorm Ruin und den lauernden Konkurrenten. Als Mutter ist sie sowieso unschlagbar. Sie kocht für ihre Kinder, fragt die Schulaufgaben ab, bespricht lebenswichtige Fragen mit ihnen: das erste eigene Moped oder ob ein Hund ins Haus kommt. Wenn die Kinder sich doch einmal vernachlässigt fühlen, klärt sich auch das wohlgefällig auf: Heimlich hat die Mutti den Führerschein für Lastwagen gemacht, und im Betrieb zeigt sie es den depperten Mannsbildern, wie man so eine Karre repariert.

Es ist einfach nicht wahr, aber es ist Uschi Glas.

Gestern abend hat sie, weil man am Set doch immer danach fragt, »Anna Maria« endlich selber gesehen, gleich zwei Folgen hintereinander am Video. Obwohl sie müde war zum Umfallen, hat sie eisern durchgehalten, aber das mußte jetzt sein, das gehört zum Beruf.

Und wie war's?

»Furchtbar war's. Furchtbar schiach hobi ausg'schaut.«

Was natürlich gelogen ist.

Sie kann sich bloß nicht sehen. Bei dem unglaublichen Schmarrn, den sie in dreißig Jahren Filmfunkfernsehen mitgemacht hat, auch kein Wunder: Edgar Wallace, Karl May, Pauker-Filme mit Roy Black, das »Schloß am Wörthersee« und den »Bergdoktor« und dazwischen fast nichts ausgelassen. Das Publikum hat sie vom ersten Tag an geliebt. Ein bißchen exotisch sah sie aus mit den dunklen Augen und dem schwarzen Zigeunerhaar und war doch von hier. Ein Weltstar aus Niederbayern, aber berühmt wollte sie eigentlich bloß in Deutschland sein.

Das Korsett! Frag sie nach dem Korsett!

Im Urlaub kam Uschi Glas die Idee zu »Anna Maria«. Sie tippte das Exposé, legte es ihrem Mann vor, dem Fernsehproduzenten Bernd Tewaag, und der mußte nicht mehr viel tun: Er suchte ein Autorenpaar, das die Story mit den serienüblichen Ränken und Dehnungseffekten anreicherte, daß es allen zehn Millionen gefällt. Bis in die Werbeunterbrechung hinein geht sie ihren Weg, und auch die echte Uschi Glas fällt nicht aus der Rolle der guten Freundin aus dem Fernsehen, wenn sie für ein allerdings billiges Parfüm wirbt. Die ganz echte Uschi Glas residiert mit Mann, Kindern, Tieren, Sonnenstudio und allem in

Grünwald vor München. Eine Filmgöttin, wenn es so was gibt in Deutschland. Als Anna Maria aber steigt sie noch einmal herab, eine Göttin, die vorübergehend Menschengestalt annimmt, ein paar Falten um den Mund hat und Krähenfüße, graue Strähnen im Haar und den Babyspeck von damals in Schwabing leider gar nicht mehr.
Sie gehört längst zu den Großkopferten und den Berühmten, und wenn im Bayerischen Fernsehen über den Verlust der Werte diskutiert wird, ist sie selbstverständlich dabei. Werte, da ist sie gut, das kann sie im Schlaf. Aber sie ist das Schätzchen geblieben, schüchtern, unberührbar, großäugig wie ein Reh: Bambi. Wenn es Bambi je wirklich gab, dann hieß es Uschi. Am Tisch von Franz Josef Strauß ist sie gesessen, bei der Firma Burda geht sie ein und aus, und wenn sie der Münchner *abendzeitung* wegen übermäßig strenger Berichterstattung das Abonnement kündigt, zeigt die Redaktion tätige Reue. Aber sie ist doch eine von uns, eine von den zehn Millionen Zuschauern. Beweis: In jeder Folge Szenen mit Allerweltsproblemen, und man weiß, die patente Uschi Glas wird sie wieder lösen, wenn nicht in dieser, so bestimmt in der nächsten Woche.
Uschi ist eine Göttin, nicht ganz von dieser Welt, aber unüberhörbar aus Niederbayern, evangelisch einmal gewesen im katholischen Schwarzland. Geboren 1944 in Landau an der Isar, kleinklein die Nachkriegskindheit mit Brennesselsuppen und aufgetragenen Kleidern. Der deutsche Film dann, die große Welt, Edgar Wallace. Die große Welt war schon in Hameln zu Ende, wohin man sie für den »Unheimlichen Mönch« bestellte. Zitternd, ob sie

vielleicht einer reinlegte und weil sie, minderjährig, ihre Eltern nicht um Erlaubnis gefragt hatte, wartete sie in Hameln auf den Drehbeginn und den Filmruhm. Der kam mit Karl May und Horst Wendlandt. Jetzt stand sie selber in der *Bravo*, die zu Hause streng verboten war. Uschi als Starschnitt: In einem buntbestickten hirschledernen Kittel sank das Halbblut Apanatschi Pierre Brice züchtig an die Brust. Bambi und doch ein Mädchen, und so schön.
Sie war bereits ein Star, aber sie ließ sich ausleihen an May Spils, die fast ohne Geld diesen Gammelfilm drehen wollte, »Zur Sache, Schätzchen«. Um jeden Preis und also für fast nichts wollte sie mitmachen, »und wenn ich heimlich hätte drehen müssen«. Für diesen Film verzeiht man ihr alles: daß sie Strauß noch immer verehrt, sich manchmal ein drastisches Durchgreifen im Staat wünscht und ihr Weltbild so übersichtlich ist wie die Einbauküche bei »Anna Maria«.
Aber das Korsett, was ist mit dem wunderbaren Korsett? Werner Enke und sie, damals, 1969, in Schwabing auf der Polizei.
In der Garderobe mit ihrem Serienpartner Christian Kohlund beklagt Uschi Glas die fehlende psychologische Plausibilität der Szenen, die sie heute drehen sollen. »Kleist, ja, der hat noch schreiben können«, ruft Kohlund aus, der gerade als Graf Wetter vom Strahl auf Tourneetheater ist. Das Gespräch schweift ab von der Kunst zu den Frauen, die das Sozialamt betrügen, indem sie sich schwängern lassen, geht über die Knebelverträge für Schauspielerinnen und endet bei der Hausaufgabenbetreuung für Uschis Filmkinder. Die begleitenden Mütter

lassen sich gern beraten von der hohen Frau, Uschi, Bambi und Mutter selbdritt. Wenn Kohlund es wagt, eine vorsichtig zotige Bemerkung einzuflechten, wird er von Uschi streng zurechtgewiesen. Nicht vor den Kindern und vor allem nicht vor ihr.

Und das Korsett?

»Ich habe um meine Haut gekämpft«, sagt Uschi Glas. Die Regisseurin May Spils wollte sie nackt haben, nackt vor Dutzenden von Polizisten und Schaulustigen, und Uschi Glas hatte eine Todesangst davor. »Ich habe um meine Haut gekämpft.« Ging deshalb in ein Korsagengeschäft und bat die Besitzerin um Hilfe. Gemeinsam schnitten sie die Träger ab von einem guten Stück, nähten Schleifen und Zierat dran, und so konnte sich Uschi Glas sehen lassen. Ein magischer Moment im damals noch sehr jungen deutschen Film, als Uschi Glas ihr Kleid fallen ließ und doch nicht nackt dasaß, sondern in der schimmernden Pracht.

Um die Haut, die ihre, hat sie weiter gekämpft. Uschi Glas ging nicht nach Rom oder Paris, schlug, wie sie mit wenig Bedauern erzählt, sogar das Angebot aus, mit Michel Piccoli und Romy Schneider »Trio Infernal« zu drehen, weil man sie doch nackt gesehen hätte. Niemand wird sie je nackt sehen im Film. Während die Kamera in der Filmküche neu justiert wird, muß sich Uschi Glas sinnvoll beschäftigen. Mit dem Mädchen, das ihr Au pair spielt, diskutiert sie die Qualität der Tütensuppe, die der Ausstatter productplacementmäßig ins Bild praktiziert hat. Einzig der Requisiteurin geht es gar zu familienfreundlich zu. Sie reißt einer der herumliegenden Barbie-Puppen die Kleider vom Leib und malt ihr die fehlende Schambehaarung auf.

Mutter kann Uschi Glas am besten, gleich ob im Fernsehen oder daheim. Eine Mutter, die in Tränen ausbricht wegen der hygienischen Zustände, in denen ihr ältester Sohn im englischen Internat hausen muß, eine Mutter, die dieses Kind achtzehn Jahre zuvor allein, ohne Mann, zur Welt brachte, die zum Jugendamt ging und den Nachweis erbrachte, daß sie wirtschaftlich dazu in der Lage sei, ihr Kind zu behalten und die den Vater nicht näher als auf einen Dauerauftrag über DM 173,– im Monat an Alimenten an sich heranließ. Diese ledige Mutter von damals, die auch mal in die *Emma* hineinschaute, ist heute solide mit dem Kindsvater verheiratet und hat es mit fünfzig für die *Bunte* zum Ehrentitel »Mutter-Frau« gebracht. Willig läßt sie sich in reichlich Schwarzrotgold wickeln und zur »Uschi nationale« ernennen. Peter Gauweiler (cf. → *Die Nachtwächter)* trötet hinterdrein: »Eine Leitfigur für die Verbindung von gutem Aussehen und guter Gesinnung, ein Vorbild für Millionen von Frauen.«

Bambi war sie einmal vor langer Zeit, Apanatschi und das Schätzchen, später alles und jede. Aber wenn sie lacht und bayrisch redet, wenn sie die Augen so groß aufschlägt, als käme sie frisch vom Dorf und fände sich plötzlich in Hameln und vor dem »Unheimlichen Mönch«, dann ist sie wieder Bambi. Schade um das Schwabinger Korsett.

Ich habe mich oft gefragt und keine Antwort gefunden,
woher das Sanfte und das Gute kommt,
weiß es auch heute nicht und muß nun gehn.
Gottfried Benn

Umschlaggestaltung: Ott + Stein, Berlin
Umschlagreproduktion: CitySatz & Nagel, Berlin
Buchgestaltung: sans serif, Lisa Neuhalfen, Berlin
Druck und Bindung: Clausen & Bosse, Leck
Printed in Germany 1998
ISBN 3-8286-0038-7